AF397817

Tomas Molin

Solsken och tragik i Ödehusvärlden!

Närke, Östra Värmland och Västra Västmanland.

Tomas Molin

Förlag: BoD · Books on Demand, Östermalmstorg 1,
114 42 Stockholm, bod@bod.se
Tryck: Libri Plureos GmbH, Friedensallee 273, 22763 Hamburg,
Tyskland

ISBN: 978-91-8080-031-0

Innehållsförteckning.

Solsken och tragik i Ödehusvärlden.

FÖRORD.

Nu sitter jag här igen och skriver på ett förord...den här gången till min 4:e bok, jag är förvånad och överraskad, tänk att slumpen kan få en så avgörande roll. Slumpen i mitt fall börjar med min naturfotograferande fru som jag följde med på en tur under pandemin, sen ett sorgligt "vackert" ödehus, Facebooksidan "Nostalgisidan för 50-, 60- och 70-talet" och alla dess följare...ja den här historien är nästan för bra för att vara sann.

Den första boken, "Bland tomtar och troll i ödehusen" började som ett test vid julen 2021 efter att många kommenterat mina ödehusinlägg på ovannämnda Facebooksida och tyckt att jag som har så fina foton och lite roliga texter borde skriva en bok...jag som nästan aldrig läst en bok... men en bok blev det, den släpptes i april 2022 och har blivit mycket uppskattad.

Det blev en andra bok också, "En magisk resa bland ödehusen", samma mönster men nya ödehus och insikten om att varje ödehus har sin alldeles egna historia och har så mycket att berätta. Här la jag ner lite mer möda på att utforska bakgrund för både hus och människor, tar en hel del tid men är fantastiskt roligt och på köpet får man så många trevliga möten. Den här boken kom nästan exakt 1 år efter den första och släpptes således i april 2023.

Har man nu skrivit 2 böcker så kan man väl för tusan inte sluta där, tänkte jag, vi kör 3:e gången gillt. Man lär sig förstås massor hela tiden och jag har egentligen en enda ambition, att få göra något lättsamt och samtidigt sprida lite av den lokala kulturhistorien vidare och förstås göra något som jag själv gillar...känns som jag lyckats rätt bra! Den 3:e boken följde samma mall som de två första och släpptes i bokhandeln i maj 2024. Den innehåller också några uppdateringar av ödehus som gått från att ha stått öde och obebodda i många herrans år till att helt plötsligt få nya ägare som väcker huset ur dess "törnrosasömn" och ger det nytt liv.

Ska nämna att jag använder mig främst av 2 källor när jag letar information, den första är Hembygdsföreningar där det finns massor av kunskap om hembygden och de har hjälpt mig mycket. Den andra källan är grannar till ödehusen, jag brukar knacka på och fråga, jag får också den här vägen mycket värdefull input och har man ingen info har de som regel tips på vägar man kan ta…oerhört värdefullt.

Jag har som "grädde på moset" fått många förfrågningar om föreläsningar och jag har genomfört många de senaste 1,5 åren hos Hembygdsföreningar, på bibliotek, hos idrottsföreningar mm, fantastiskt roligt, lärorikt och upplyftande på alla sätt.
Mina följare på Nostalgisidan på Facebook och kunder som jag möter under signeringsdagar, marknader, föreläsningar mm har bidragit starkt till framgångarna…med tips, goda råd och värdefulla synpunkter.

Nu kära läsare ska du strax få läsa 15 kapitel ödehusnostalgi i min 4:e bok, det blir som det brukar, sorgligt, "vackert", mystiskt och lite spännande. Vi ska besöka en svårt vandaliserad herrgård med en brokig historia, vi ska besöka ett "ledset" och ensamt ödehus i Västernärke, vi ska hälsa på hos "Hilda och Ludde i Mörtbäcken", göra ett besök i en gammal bygdegård fylld med minnen bland mycket annat. Dessutom besöka en plats med "bilder" som jag inte trodde var möjliga att få se i Sverige 2024.

Jag hoppas jag kan ge dig en ny nostalgisk resa med ett stort mått av lokal kulturhistoria, i Närke, Västra Västmanland och Östra Värmland.

MYCKET NÖJE!
Tomas Molin

KAPITEL 1.

...ÖDEHUSET SOM HAFT BESÖK AV OLOF PALME.

Vi är i en liten by i Bergslagen, strax utanför en stad och kommunort, vi är på landet i en bygd med vacker natur, precis som det brukar vara i Bergslagen.

Alldeles intill landsvägen ligger ett gammalt hus med tillhörande uthus, det har en speciell historia, är rätt gammalt och är idag ett ödehus.

Ett annorlunda hus alldeles vid vägen i en by i Bergslagen!

För att börja från början så fanns det inledningsvis 2 hus på den här fastigheten, det ena är det som idag är ett ödehus, det andra var ett betydligt större hus som för länge sedan var ett gästgiveri för att senare bli ett sk fattighus dvs ett hem för samhällets allra mest utsatta som inte kunde försörja sig själva. Det större huset är sedan många år borta men förstås en viktig del av den lokala historien.

Vårt ödehus var förr i tiden brygghus och kök till gästgiveriet men blev senare bostad för en familj. På 40-talet bodde här Oskar och Ida, de tog sig an och hjälpte fosterbarn till ett bra liv.
Hit kom Nils som fosterbarn på den här tiden, han kom från Stockholm där han föddes av en ogift mor som vid födseln fråntogs pojken som placerades hos Oskar och Ida. Pojkens mor härstammade från Bergslagen men inför födseln åkte hon till Stockholm där hon sedan blev kvar.

Hos Oskar och Ida fick den lilla pojken, som alltså fick namnet Nils, det bra och han fick ett bra liv. Ett fint hus, ett par kärleksfulla fosterföräldrar och han gick alltid och la sig mätt och belåten.
När fosterföräldrarna senare gick bort blev Nils kvar i huset, här bildade han familj och gifte sig med Maivor och så småningom kom sönerna Jan-Åke och Christer. Huset var i Nils och Maivors ägo från ca 1950 till ca 1985 då det såldes till en familj med många barn.

Pappan i den senare familjen hette Ernst och hade många idéer, han var starkt engagerad i Jehovas Vittnen och så hade han en förkärlek till att bygga på huset, det blev väl kanske inte så bra alla gånger och huset började förfalla och idag är det ingen vacker syn.

Det sägs att huset till slut fick säljas en väg där köpare många gånger köper billigt, i det här fallet köptes fastigheten av en man från Tyskland, det är han som äger det idag. Vad jag förstår har han i nutid försökt sälja huset utan någon större framgång trots en låg prislapp...och när man ser fastigheten så förstår man varför det är svårt att sälja.

Taket över ytterdörren och de stora fönstren lär vara ett resultat av Ernsts stora nöje...att bygga på huset...inte helt rätt alla gånger!! ...man kan nästan tro att här varit en affär men så är inte alls fallet.

Vi hoppar tillbaka till husets lyckliga tid då det ägdes av Nils och Maivor, deras son Christer har berättat en hel del, bla ett par roliga episoder när han och hans bror Jan-Åke var barn.

Det var på den tiden när det var vanligt med sk luffare på landsbygden, vagabonder, som vandrade runt i jakt på upplevelser, mat och husrum mm. Christer kommer särskilt ihåg en man som ofta kom på besök, han kallades i folkmun för "Dundergubben", han drack nämligen något ibland som han själv kallade för "dunder", en blandning av rödsprit och pottaska! Det var viktigt att blanda ordentligt för att det skulle gå att dricka…fy för tusan tycker nog jag, men det var en billig fylla och funkade bra enligt "Dundergubben"!
Nils och Maivor var nog också först med TV på den lilla orten så ibland tittade "Dundergubben" bara in för att en liten stund få titta på TV, det gällde nog att han kom vid rätt tidpunkt, det var ju i början rätt glest mellan sändningarna.

Christers pappa Nils, som alltså varit fosterbarn i huset innan han till slut köpte det tillsammans med Maivor, gjorde en karriär inom politiken på hemorten, mamma Maivor var lärarinna.
Christer berättar att man vid ett tillfälle hade finbesök i hemmet. Pappa Nils skulle på ett politiskt möte och på samma möte skulle också en ung Olof Palme, det här var förstås innan han blev statsminister.
Nils och Olof Palme åkte gemensamt till mötet, Palme hämtade upp Nils i sin bil innan de for vidare…klart som tusan det är stort att ha haft Olof Palme på besök hemma i köket!

Vi nämner slutligen namnet på den lilla orten, det är ett ovanligt namn där man funderar på om man hört rätt när man hör det första gången, byn heter Tolvsbörd…visst känns namnet lite märkligt och man undrar ju förstås hur byn fått det namnet.
Christer har en liten förklaring till detta, måhända en skröna! Det ska ha varit en ogift kvinna som blev gravid men inget foster överlevde förlossningen utan kvinnan födde 12 st icke levande foster. Enligt forngermanskan sa man "börd", något man bar fram till livet dvs foster. När hon så födde 12 foster som hon burit döpte man sonika byn till "Tolvsbörd"…vad ger ni för den förklaringen?, rätt mäktig tycker jag!

Också det fristående uterummet verkar ha sett sina bästa dagar.

Vi lämnar huset i byn med det lite säregna namnet och konstaterar igen att varje ödehus har sin egen historia...att Olof Palme varit på besök här är förstås något utöver det vanliga.

Tack Erika Küster Granskog för tipset och Tack Christer Granath för en fin historia.

KAPITEL 2.

LANTHANDELN I VÄRMLANDSSKOGEN.

Vi pratar många gånger om de djupa Värmlandsskogarna och en dag i den
andra halvan av juli 2024 gjorde jag och min fru ett besök där!
Målet var en gammal lanthandel, med betoning på gammal, senast öppen
i slutet av 60-talet dvs för knappt 60 år sedan.

Vi åkte först på en lite större länsväg i Värmland innan vi tog av på en liten
grusväg. Det första som hände där var att vi mötte en timmerbil och
någon möjlighet att mötas fanns inte utan jag fick backa en halv kilometer
innan det dök upp en liten yta vid sidan av vägen där jag kunde åka in och
på så sätt släppa förbi timmerbilen.

Sen bar det av, det blev 1 kilometer, 2, 3, 4...utan att vi såg vare sig hus
eller folk. Efter 5 kilometer såg vi ett fritidshus, jäkligt ensligt skulle jag
nog säga...efter ungefär 1 mil med i stort sett bara skog kom vi till ett
vägskäl där vi svängde vänster på en grusväg som var belagd med stora
vassa stenar men vi fortsatte och såg nu några nya sommarstugor invid en
fin liten skogssjö, ett fritidshus som nog varit permanenthus en gång i
tiden och så mera skog...men plötsligt, alldeles intill vägen låg den där,
den gamla lanthandeln. Som ni ser på bilden på nästa sida så är det inte
alldeles lätt att se att det är en gammal lanthandel...men det är det...av
modell Konsum.

I de här skogstrakterna i Värmland fanns förr i tiden en lanthandel både
här och där, ni vet butikerna som hade allt och lite till och med handlare
som hade en servicekänsla utöver det vanliga, ingenting var omöjligt är
väl en bra sammanfattning av dessa handlare...riktiga köpmän.

Vi är nu nordväst om Filipstad vid en sån här liten butik, med betoning på
liten, med 4-5 kunder på plats var det fullt, trångt och mysigt i butiken.

Det märkliga här är att huset med lanthandeln står kvar och ännu märkligare är att inredningen är orörd, man stängde butiken i slutet av 60-talet, tömde butiken på varor och stängde dörren.

Väl gömd i grönskan ligger den där, den gamla lanthandeln, en Konsumbutik som startades redan på 1920-talet.

Den näst sista konsumhandlaren var en fryntlig man vid namn Olle Dahlman, välbekant och omtyckt av alla. Den lilla butiken ser nästan kamouflerad ut där den står i skogen, en verklig kulturskatt.

Dahlmans fru Sonja var lärarinna i bygdens skola som var belägen snett emot butiken. Skolan invigdes 1904 och upphörde 1949, därefter fick barnen ta sig till Nordmarks skola. Skolbyggnaden finns kvar än idag men är nu ombyggd till privatbostad.

En bild från när skolan som var igång (1904-1949).   *Fotograf okänd.*
Bilden har jag fått av Jan Kruse.

Olle Dahlman drev butiken till några år in på 60-talet, han var den siste handlaren som drev Konsumbutiken på heltid...men butiken levde därefter vidare ännu ett antal år!

Innan butiken försvann i slutet av 60-talet drevs den på deltid av Folke Karlsson, han hade bara öppet vissa dagar i veckan, de andra dagarna var han busschaufför i trakten, en omtyckt sådan som gärna ställde upp när ett handtag behövdes, han körde först buss för Andersson & Norders Omnibustrafik som senare först blev Norders Omnibustrafik innan bolaget gick upp i NKLJ, Nordmark Klarälvens Järnvägar. När man hör berättas om Folke förstår man varför också han blev handelsman, han var som sagt hjälpsam och omtyckt.

Kanske körde Folke Karlsson den här bussen nån gång!?
Bilden har jag fått av Eva-Lena Norder.

Finns en liten historia om när Folke hjälpte Spik-Lars, ett original och festprisse på orten, som vid ett tillfälle behövde hjälp med att mata hästen.

Busschaufför Folke hade tagit upp skolbarn i bussen som skulle skjutsas hem när plötsligt Spik-Lars stack in huvudet i bussen!

- Du åker väl förbi hos mig på turen, sa Spik-Lars...då kan du väl stanna till och ge min häst lite hö, det börjar bli dags och jag hinner inte!

Givetvis, sa Folke Karlsson, och när bussen passerade Spik-Lars ställe så stannade bussen och det blev en paus för skolbarnen medan Folke hämtade hö och matade hästen...det är servicekänsla det!

En annan gång var det storfrämmande av en riksdagsdelegation på Lesjöfors Bruk och bandybaronen Gerard de Geer ville visa upp det bästa av bruket, Spik-Lars var en duktig yrkesman och skulle vara med och

instruera vid en station, han gjorde det med bravur och därefter var Spik-
Lars insats klar…..trodde alla…men Spik-Lars ville annat…han följde med
de prominenta gästerna runt på bruket och det dröjde inte länge förrän
han hade "tagit över" föreställningen…gästerna blev alltmer intresserade
av Spik-Lars och hans många skrönor…vi tar väl en till här!

Strax före jul ett år var torget i Filipstad formligen täckt av en massa
julgranar. I Filipstad fanns vid denna tid en mycket omtyckt polisman som
hette Viktor Buske. I samband med den här julmarknaden såg han någon
krypa runt inne bland alla julgranar…det var Spik-Lars!!
-   Har du tappat något, undrade polismannen.
-   Jag har tappat plånboken, muttrade Spik-Lars.

Som den hjälpsamme man som Viktor Buske var så kröp också han in
bland julgranarna för att hjälpa till och leta efter den borttappade
plånboken.
När de krupit runt en god stund ställde polismannen följande fråga:
-   Är du säker på att det är här du tappat plånboken?
-   Nej för fan, sa Spik-Lars. Jag tappade den i huset där borta,
    muttrade han, och pekade på ett hus tvärs över torget…men det
    var så jäkla mörkt där inne så jag valde att leta här på torget
    istället….då gick polisman Viktor Buske hem…utan ett ord.

Tillbaka till den lilla Konsumbutiken i skogen, Folke Karlsson blev alltså
den sista handlaren men höll bara öppet vissa dagar i veckan, de andra
körde han som sagt buss. I slutet av 60-talet slog butiken igen för
gott…men butiken med inredning står alltså kvar än idag…som den
lämnades….det som finns här nu är att betrakta som en kulturskatt.

Den gamla lanthandeln har alldeles säkert mycket att berätta, man brukar
ju säga att det sitter i väggarna och det gör det naturligtvis här, tänk så
många fina samtal som ägt rum i butiken människor emellan, alldeles
säkert också både skrönor och rövarhistorier…och på riktig värmländska!

En bild från Lanthandels lilla kontor, här satt Olle och Folke när de beställde varor och räknade dagskassan.

En fråga jag undrat mycket över är hur dessa butiker gick runt, antal hushåll var ju på många ställen, som här, inte många! Hur fick man ett plus på sista raden i resultaträkningen?

Jag jobbade själv i en liten lanthandel som ung, från 13 år upp till 20! Den var storleksmässigt som den här i Värmlandsskogen men det var betydligt mer hus runt den och ändå satt man ibland och väntade på nästa kund!?

Jag kommer så väl ihåg alla dofter, speciellt till jul! I källaren lutades det fisk, där fanns tunnan med salt sill och en massa frukt, de här dofterna tillsammans kan jag ännu förnimma vid tanken på dem!
Det var nog samma sak här i lanthandeln djupt inne i Värmlandsskogen.

Vi tar oss nu en titt på några bilder inifrån den nostalgiska lanthandeln i Värmland:

Välkommen in!!.....

Alltså, här tror jag det bor tomtar och troll numera, små snälla varelser som håller koll på den gamla lanthandeln...hur skulle det annars kunna vara så välbevarat nästan 60 år efter nedläggning.
...nu är det dags att vi tar oss en titt!!

Hela inredningen är komplett med disk, hyllor och lådor, MÄKTIGT!!

Är mycket välbevarat trots alla år som den lilla lanthandeln stått ouppvärmd.
Ovanför de bruna lådorna står ett skåp gjort av marmor, ett sånt hade vi också i den lanthandel där jag jobbade som ung. Här förvarades sånt som lätt kunde smälta...typ godisbitar!

En gammal kartong som en gång innehållit 10 paket vetemjöl från Juvelkronan, "Statskontrollerad förmalning" står det på kartongen, något som tillämpades under andra världskriget!

...Gunnar Johansson heter en man som hjälpt mig med värdefull input till den här historien...jag kan som lite kuriosa berätta att där Gunnar bor idag finns ett uthus där det fram till 1937 också drevs en liten lanthandel i lokalen på uthusets gavel...titta på slutbilden...också här finns lanthandelns inredning med disk och hyllor kvar, orört sen 1937...på disken vilar ibland Gunnars katter!

Eva-Lena Norder och så alltså Gunnar Johansson har försett mig med den info som gjorde det här kapitlet möjligt och det var Björn Palmqvist som gav mig tipset, STORT TACK till er alla.

EN LITE OREGERLIG PROFIL OCH HANS BILAR.

I det här huset föddes Lars och här levde han hela sitt liv!

För ca 28.000 dagar sedan, eller i augusti 1948, föddes Lars på en gård utanför en liten stad i Närke, vad han då inte visste var att här skulle han bli kvar hela sitt liv...hans liv blev fyllt av bilar, så till den milda grad att gården formligen översvämmades av dessa 4-hjuliga fordon en period när han blivit vuxen, runt 350 st när det var som mest.

När föräldrarna var borta bodde Lars kvar i föräldrahemmet, han började skrota och samla på bilar, han skapade nog tidigt lite egna regler för hur bilparken skulle skötas, han var inte alltid överens med myndigheterna som periodvis jagade honom, så skulle han nog själv ha uttryckt saken...

Men vi går tillbaka till 60-talet, Lars startade då en firma för demontering av bilar, enklare uttryckt, en bilskrot...och många bilar blev det. På gården startade han senare också en handelsfirma där han sålde bildelar och annat som kom från skrotfirman.

Men som sagt, det här med lagar, ordning och reda var väl inte hans starka sidor och bilar förvarades ta mig tusan överallt, i trädgården, i uthusen, i skogsdungar och på gärden runt gården...ja till och med i vägrenen utanför huset blev det så småningom en uppställningsplats med många bilar på rad...och så kan man ju inte ha det tyckte myndigheterna, Lars hade förstås en annan uppfattning.

Gott om bilar hade han, den gode Lars.

Gamla bilar är ju många gånger ett miljöhot och hur de ska hanteras finns det ju mycket skrivet om i förordningar och lagar! Lars följde sin egen miljölag som vad jag förstår ofta krockade med kommunens syn på hur hanteringen skulle gå till. Det gick så långt att i mitten av 80-talet drogs tillståndet för bilskroten in, man kan säga att Lars fick ett näringsförbud på livstid och livet blev ju inte lättare efter den åtgärden...men affärerna rullade på ändå...

T.v firmans lilla tillbehörsbutik och t.h ser vi gaveln och personalentrén.

Folk som kom till gården och köpte bildelar hade många gånger bara positivt att säga om Lars, han var lite egen men vänlig och ville gärna hjälpa till att fixa den där delen som kunden så gärna ville ha...kundvänlig men som sagt, lite problem med struktur, ordning och reda...och han verkade inte gilla de myndighetspersoner som kom på besök!

I början av 2000-talet blev det plötsligt lite andrum för både Lars och kommunen när en nationell skrotbilsinsamling drogs igång och under den kampanjen flyttades ca 250 bilar bort från skog, gärden och trädgård.

Efteråt var det "bara" ca 70 bilar kvar i samlingen, det var förstås en stor lättnad för alla parter, också för Lars, även om han nog allra helst skulle ha haft sina bilar kvar…men myndigheterna ville annat.
Fighten med myndigheterna fortsatte dock, det blev nya krav men Lars duckade genom att konsekvent överklaga alla beslut. Sånt tog tid och ibland verkar det som om "ärenden" från myndigheterna aldrig fullföljdes…men efter en tid var man på banan igen och då kom det nya krav!

Det var förstås många privatpersoner som var intresserade av vad som hände på gården överfull med skrot, lite spännande med alla "turer" som det pratades om i bygden och så har det ju funnits många rariteter stående på fastigheten, kulturskatter tycker många, jäkla skrotbilar tycker andra!

Lars själv tyckte att det blev för många nyfikna som sakta rullade förbi hans fastighet så han började hålla vakt och på olika sätt gav han uttryck för att förbipasserande som bara var nyfikna inte var välkomna, han noterade bilnummer och gav de som åkte förbi ilskna blickar…klart som tusan att det var jobbigt med alla nyfikna, det förstår jag.

Striden fortsatte men Lars blev äldre och kanske inte lika stridslysten som tidigare så han började ge efter för kommunens långsiktiga och uthålliga arbete och till slut började han se till att de gamla fordonen som var kvar sakteliga försvann, han fick hjälp med lite försäljningar och till slut var man nyligen i stort sett i mål.

Ladugård och logar har rasat in över många gamla delar från en "biltid" som försvunnit men där spåren fortfarande är många…bla Forden från 1939 som nu finns under det inrasade taket…även om mycket blev bortforslat finns en del kvar men både bostadshus, andra hus, ladugård, logar mm är i ett sorgligt dåligt skick, en del som sagt ihoprasat, andra på väg…här är hoppet om ett nytt liv ute för de gamla byggnaderna…

Nästan inga bilar kvar och många av gårdens byggnader har rasat ihop.

Idag finns bara 6 bilar kvar i samlingen varav ett par rariteter, en Rover 75 från 1953 som enligt Trafikverket är i trafik trots att den besiktades senast i juni 1985...och så en Ford från 1939, den sistnämnda har alltså fått ett nerrasat uthustak över sig, man kan nog säga att den blivit parkerad för evigt under det gamla taket.

Ford -39 med presenning och inrasat tak över sig.

Här är en Rover 75, årsmodell 1953 Enligt bilregistret är den "i trafik"!

Lars har alltså bott i sitt föräldrahem i hela sitt liv, det har varit både hans hem och arbetsplats. Mycket fina grejer finns fortfarande kvar där men oj vilken röra, det finns ett hus till med om möjligt ännu mer prylar. I ett 3:e och ett 4:e litet hus drevs försäljningen av bildelar...fullproppat och dåligt skick där också idag.

Här ser ni blomlådan som numera fixar gröna växter själv.

Inomhus i boningshuset är det också fullproppat med grejer, det har nog varit riktigt fint här en gång, man kan se att möbler och annat är av bra kvalité och det saknades nog ingenting.
Lars har under årens lopp fyllt på men säkert aldrig rensat ut något, en samlare också på den punkten...

2024 gick Lars bort...orten har definitivt blivit en stark och lite oregerlig profil mindre...

KAPITEL 4.

"TRODDE FAN I MEJ INTE ATT DET VAR SANT"!!.

...ja, så svarade jag spontant en journalist när jag fick frågan om jag sett vad som hänt med det gamla skogvaktarbostället!

...vi går tillbaka till när jag skrev om det här ödehuset i min ödehusbok, "En magisk resa bland ödehusen"! Av en slump hade jag hittat huset i skogen vid en kisspaus när jag varit och fotat ett annat ödehus.
Det bara stod där så förfallet i skogskanten, enastående vackert, ett unikt hus. Jag fick kontakt med Christer Nordgren vid Hembygdsföreningen på orten och han berättade mycket för mig som går att läsa i boken jag nyss nämnt. Christer finns tyvärr inte med oss längre.

Så här såg det unika ödehuset ut när jag hittade det i skogen på hösten 2022...

Huset som är flera hundra år gammalt är inte likt något annat jag hittat och när boken kom ut i april 2023 så fick kapitlet med det här huset stor uppmärksamhet. Folk undrade hur företaget som äger huset bara kunde låta det stå och förfalla och vad jag förstår så är det många som uppvaktat företaget med budskapet: ”RÄDDA SKOGVAKTARBOSTÄLLET!!”

Jag har varit ute på många föreläsningar de senaste 1,5 åren och det här huset är oftast med och väcker stort engagemang.
På försommaren 2024 fick jag av ett par av varandra oberoende personer ett lite illavarslande meddelande: ”Ett rykte säger att det gamla skogvaktarbostället ska rivas”. Det budskapet högg som en tagg i hjärtat, om det var sant eller bara ett rykte som fått fel budskap vet jag inte men jag kommer ihåg att de där orden gnagde ordentligt inombords.

Sommaren gick och hösten började nalkas, jag hittade nya hus men påmindes ständigt om det gamla skogvaktarbostället vid boksigneringar och föreläsningar.
En morgon i september i år (2024) satt jag och njöt av morgonkaffet och kollade lite nyheter via mobilen, tittade på några Facebook-sidor och då fick jag se något som faktiskt gjorde att jag satte kaffet i halsen…i en lokal FB-grupp fanns en bild på det gamla ödehuset – inte med budskapet att det skulle rivas…utan med budskapet att företaget som äger huset nu räddar det…är detta möjligt frågade jag mig själv eller är det några nättroll som försöker spela oss ett spratt.
Gudskelov var budskapet äkta, företaget med dess VD i spetsen hade tagit intryck av uppvaktningar och åsikter och bestämt sig för att rädda det unika ödehuset, mycket hedervärt gjort av företaget och dess VD.
Av naturliga skäl var det riktigt muntra miner i det här lilla samhället den här dagen, det alla hoppats på men ingen hade trott…hade hänt!!

En lokaltidning gjorde ett år innan ett reportage om mig och mina ödehusböcker, reportaget gjordes i miljön runt det här ödehuset, skälet var enkelt, en bättre omgivning för ett ödehusreportage finns inte…

Onsdagen när jag läste den stora nyheten på FB fick jag senare ett telefonsamtal från en journalist på samma tidning som gjort reportaget ett år innan. Han frågade om jag läst nyheten om det magiska ödehuset i skogen och sett vad som hänt! Jag förklarade nog närmast lyriskt att jag hade gjort det, han följde då upp och bad om min spontana reaktion på nyheten!

Jag svarade då så här - "Jag trodde fan i mej inte att det var sant"! Nästa dag fanns min "hoppa-jämfota- kommentar" med i rubriken i ett reportage i tidningen!!

BOSTAD OCH BYGGEN. "Trodde fanimej inte att det var sant"

Unika ödehuset räddas

■ Den pampiga skogvaktarbostaden i Björneborg har en arkitektur som verkligen sticker ut, men har blivit allt mer förfallet efter att ha stått tomt i många år.

Nu räddas huset av företaget vars mark det ligger på, Björneborg Steel.

– Jag trodde fanimej inte att det var sant när jag hörde det, jublar författaren Tomas Molin som nämnt huset i en av sina ödehusböcker.

Håkan Dedorsson är inte bara vd på Björneborg Steel. Han är också engagerad i byrådet. Och en av de frågor som byrådet har haft att hantera har gällt just den gamla skogvaktarbostaden.

– Egentligen har vi ingen användning för huset, men det är en kär byggnad för folk i bygden och nu har vi och våra ägare bestämt oss för att rusta upp och bevara det, säger han.

Bara kärlek

Ett Facebookinlägg om renoveringen har fått nästan femhundra gilla-markringar. Det har bara varit kärlek.

– Det är nästan halva Björneborg det, säger Håkan Dedorsson nöjt om reaktionerna.

Exakt vad huset ska användas till är inte bestämt, men en förhoppning som finns är att någon förening ska vilja använda huset för sin verksamhet. Än så länge har det dock inte blivit något napp.

– Skicket invändigt är väl lite omodernt men gott nog för att bevara. Det blir ingen invändig uppgradering för tillfället i alla fall, säger Håkan Dedorsson.

Tomas Molin från Karlskoga har skrivit boken En magisk resa bland ödehusen och i den nämner han bland annat den gamla skogvaktarbostaden i Björneborg.

– Just det här huset har rönt mycket uppmärksamhet när jag har varit ute och berättat om boken. Det är många som undrar hur en sån unik kulturskatt bara kan få stå och förfalla, varför ingen tar tag i det och rustar upp, säger han.

När han fick klart för sig att det inte bara var ett rykte utan hundraprocentig sanning att Björneborg Steel hade gjort slag i saken och inlett en renovering åkte han genast dit för att se arbetet med egna ögon.

– Jag tycker att det är fantastiskt härligt. Men även om jag innerst inne är en optimist så hade jag inte jättehöga förväntningar om att någon faktiskt skulle renovera huset. Ryktet sa ju att det förmodligen skulle rivas, så när jag hörde talas om det här inlägget på Facebook för första gången så trodde jag fanimej inte att det var sant, skrattar Tomas.

Över 200 år

Skogvaktarbostaden lär vara över 200 år gammalt och byggdes åt den lokale skogvaktaren av järnverket. Att huset är så stort och pampigt tyder på att skogvaktaren var en man med hög ställning i lokalsamhället.

– Man hade bland annat ett system med flaggor där man hissade olika flaggor beroende på vilket byte som hade fällts. Det var en signal till husmor borta på herrgården så att hon visste vilken mat som skulle tillagas, berättar Håkan Dedorsson.

På grund av att skogvaktarbostaden har stått tom i 15 år så har den dessvärre inte enbart härjats av tidens tand utan också utsatts för skadegörelse. Men Håkan Dedorsson hoppas att det inte upprepas.

– Vi har lagt kraft, möda och pengar på att rusta huset nu. Det är hela syftet med byrådets arbete, vi vill göra Björneborg till en ännu bättre plats att bo på, säger han.

Joakim Magnusson
0550-4125 17
joakim.magnusson@nkp.se

Den gamla skogvaktarbostaden i Björneborg har fått livsgnistan åter. Huset har stått tomt i 15 år men får sig nu en utvändig renovering bekostad av Björneborg Steel. FOTO: TOMAS MOLIN

Tomas Molin har skrivit flera böcker om ödehus. FOTO: MIMMI TÖRNBERG

Tomas Molin framför skogvaktarbostaden så som det såg ut våren 2023. FOTO: MICHAEL A PERSSON

Samma dag som jag läste nyheten och pratade med journalisten
var jag helt enkelt tvungen att sticka iväg och titta, jag ville verkligen se
det med egna ögon...och visst var det på riktigt...renoveringen pågick för
fullt och en byggnadsställning var rest runt huset!

En bild man blir glad och förväntansfull av!!! (sept 2024).

Som jag brukar säga, ödehusvärlden är full av överraskningar, det här var
en av de bästa hittills i min "ödehuskarriär"!!

Innan vi tittar på en avslutningsbild ska ni få se några historiska bilder, den första, har ni som läst mina böcker sett tidigare! Här ser ni att huset 1903 ser ut som det gör idag med undantag av de 4 tornen.

Bilden är tagen 1903, här finns skogvaktare Leonard Gillström m familj.

"Vägsten" i tomtgränsen vid vägen visar att vägen (med W) utanför huset är anlagd år 1825.

På bilden (slutet 1800-talet) som jag fått av Johan Boqvist i ortens Hembygdsförening ser vi skogvaktare Karl Sjöstedt och hans far på trappen till skogvaktarbostället efter en framgångsrik jaktdag. Pappa Sjöstedt håller de skjutna middagsfåglarna i ett stadigt grepp, också jakthunden ser nöjd ut...nöjd blev nog också husmor på herrgården. Notera att huset här var imitationsmålat...som sten.

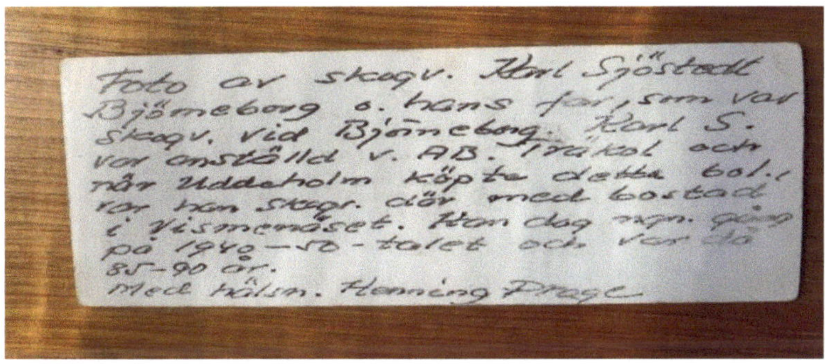

Karl Sjöstedt var skogvaktare närmast före Leonard Gillström.

Här har vi Olof Björn...skogvaktarson som är född i skogvaktarbostaden 1831 (1831-1904). Han tjänade först som dräng hos sin syster med familj på torpet Ängen innan han tog tjänst som dräng på bruket, först i smedjan, sedan i bruksträdgården och stallet. De sista åren var han brukets kusk. Flera av hans och hustrun Disas barn utvandrade till USA.

En nytagen bild på det nyrenoverade skogvaktarbostället, nov. 2024.

Byggnaden är nu alltså renoverad utvändigt i syfte att bevara en viktig kulturskatt för bygden och dess befolkning, en stor eloge till företaget. Om man ska renovera invändigt och göra skogvaktarbostället till en bostad igen återstår att se, inga beslut är fattade på den punkten.

...men det här räcker länge och jag säger det igen..."jag trodde fan i mej inte att det var sant"...men det var det!!

KAPITEL 5

MISSIONSHUSET SOM BLEV SPÖKHUS!!

Lite som ett spökhus står det där i norra Värmlands västra del, helt nära den norska gränsen. Inga allfartsvägar går längre hit och det är cirka 60 år sedan det var någon verksamhet här...men grejer finns kvar i huset.

Tänk dig att gå in här en regnig och blåsig höstkväll i november, lite kusligt, det blir ännu kusligare när ni senare får se vad som finns i huset.

Det vi ser på bilden är ett gammalt missionshus, ett "Betania", som byggdes de första åren av 1920-talet...alltså för drygt 100 år sedan. Under nästan 50 år var det en liten livaktig församling, många är de dop, vigslar och begravningar som ägt rum i det lilla missionshuset.

Ett "Betania" missionshus byggt på 1920-talet...med pardörrar förstås.

Det som förvånar när man ser bilden ovan är att byggnaden verkar rak och inte alls "ihopsjunken" som brukar vara fallet med ödehus som stått övergivna länge, ca 60 år i det här fallet. Man kan nog tacka plåttaket för det, så länge taket är tätt håller det emot för regn och snö även om huset förstörs på andra sätt.

Det här huset ser omålat ut och så har det säkert alltid varit, jag erfar att gamla hus i trakten runt norska gränsen ofta "slapp" målarfärg och behandlades på annat sätt utan någon form av kulör.

Baksidan av det vackra men omålade missionshuset...

Bilderna och en del av den här historien har jag fått av en vän, Arne Guldbrandsson, boende i nordvästra Värmland.

Med Arnes hjälp tar vi oss tillbaka 105 år i tiden, det var då som det här huset byggdes och tjänstgjorde sen som missionshus, det var i bruk till 1965 då församlingen upplöstes och dörren till missionshuset stängdes och låstes.

Men vad är då Betania, jo det är egentligen en liten by omnämnd i bibeln belägen ca 2,5 kilometer från Betlehem. På ett ställe i bibeln uppväcker Jesus en man från de döda, mannen heter Lasaros och kommer från staden Betania. Ur detta skapades olika gemenskaper som i modern tid resulterat i bildandet av religiösa församlingar...som vår lilla "Betaniaförsamling" i nordvästra Värmland. Betania utvecklades ur pingströrelsen.

Jag har fått veta att det var avlägsna släktingar till min uppgiftslämnare Arne som startade församlingen och byggde det nu 105 år gamla huset. Man ska veta att på den här tiden fanns nästan inga bygghjälpmedel vid byggnationen om vi gör en jämförelse med hur det ser ut idag. Det fanns inga lastbilar, inga byggkranar, inga elektriska sågar mm utan det var ett rejält och gediget hantverk som gällde. De här "gubbarna" blev otroligt skickliga yrkesmän och vältränade som få men fick senare i livet ofta "sota" för det tunga arbetet genom slitna höfter och ryggar.

Byggnaden ligger avsides och många har undrat varför man byggde missionshuset på en så enslig plats, troligen var det helt enkelt så att det var mark som donerades. Det här blev en given samlingsplats för bygdens folk som kunde gå långa sträckor för att mötas här. I texter som finns kan man läsa om både stormöten och konferenser liksom att pingströrelsens pionjär, Barett, varit här och hållit predikan.

Idag vet ingen riktigt vem som äger missionshuset men marken ägs av ett stort skogsbolag. En stark kvinna i bygden vid namn Linnea kämpade ivrigt för att missionshuset skulle få stå kvar efter att verksamheten upphört...och snart 60 år senare gör det fortfarande så men naturen är här åter på väg att ta tillbaka något som människorna en gång tog!

Här är några av de byggnadsarbetare och församlingsmedlemmar som byggde "vårt" missionshus.

Året här är runt 1921 och "Betaniahuset" är färdigt att tas i bruk.

Det här var som ni förstår en liten men livaktig församling, ca 45 år var man igång innan dörren stängdes och församlingen uppgick i en annan församling. Vad hände då med alla grejer som fanns i missionshuset?...jo de lämnades kvar med låst dörr.

Jag kommer nu att visa er några bilder som jag själv upplevde som lite småkusliga och aldrig i livet att jag skulle gå hit när det är mörkt och det är full fart på både tomtar och troll, deras uppgift i sammanhanget är lite oklar men allt sammantaget ger en lite kuslig känsla med bla en förhöjd puls...

Vi är inne i kyrksalen, notera den vackra väggen och de "fina" Ödehusgardinerna. Bakom de numera lite rangliga bänkarna hänger den gamla dopskjortan kvar som ett "tyst vittne"...nu börjar det bli lite kusligt, vågar du följa med till nästa bild?...tur att det är ljust!

Dopskjorta i förfall...

På den vackert gröna pärlspontsväggen hänger ytterligare en dopskjorta, tänk att den har hängt här i 60 år...undrar hur många ytterligare år det blir innan tyget faller isär helt...det ser läskigt ut!

...undrar om innanfönstren står här någonstans...och var tusan är spökena...

Milda makter...dopgraven är kvar, luckan öppen...klart för dop.

Det här blev ett kapitel som väcker tankar, funderingar och känslor. Jag kan inte hjälpa den lite kusliga känslan som fyller mig!

Stort Tack Arne Guldbrandsson för bilder och story...jag sover nog med lampan tänd i natt.

KAPITEL 6

LIVET I BYGDEGÅRDEN.

De finns här och där, ovanliga idag men vanliga förr, de en gång så populära bygdegårdarna.
Jag fick ett tips om en i Närke, den förfaller och har på senare år vandaliserats rätt hårt men den finns där och faktum är att det sedan några år pågår ett arbete för att få fram en lagfart...och sen kanske sälja!

...byggnaden på den här fastigheten, bygdegården alltså, byggdes på 50-talet och har sen dess ägts av JUF som är en förkortning av Jordbruksungdomsförbundet, det riktiga namnet är egentligen "Jordbrukare - Ungdomens Förbund", en partipolitiskt och religiöst obunden förening som bland annat har till syfte att främja studier och att utveckla ungdomsaktiviteter kring natur, miljö och jordbruk, de lokala föreningarna var tidigare många på landsbygden, färre idag men här erbjuds aktiviteter som brukshästverksamhet, plöjning och praktikantverksamhet men också andra aktiviteter...enligt en skrivning från förbundet är det bara fantasin som sätter gränser. Den som tog initiativ till att JUF bildades 1918 var en man född i Karlstad och utbildad agronom, han hette Sigurd Örjangård och levde mellan åren 1886 och 1968.

Ska också sägas i sammanhanget att JUF var med och initierade det som blev Bygdegårdarnas Riksförbund så kopplingen mellan JUF och vår bygdegård är stark.
Här på orten där vår bygdegård finns var det förr stor aktivitet och den mindre men livaktiga lokalavdelningen ingick i ett lite större distrikt. Idag finns vare sig lokalavdelning eller distrikt kvar och när de avvecklades övergick, enligt stadgarna, egendomen till Förbundet som har sitt säte i Katrineholm... dvs vår bygdegård med inventarier.

Marken däremot har tillhört en större egendom i trakten, JUF har i många år arrenderat tomten runt bygdegården genom ett sk 49-års avtal. Det har dock funnits folk på orten som nog haft ett eget litet "tänk" om att både mark och byggnad tillhört vederbörande men det är inte alls sant utan var kanske mer ett önsketänkande…vederbörande har dock gjort en hel del bra saker och varit engagerad innan det nog blev lite fel.

För några år sedan gick det långa arrendet av marken ut, det förnyades inte men den stora gården var schyst, de styckade av en bit mark runt bygdegården och skänkte den till JUF. Sedan 3-4 år har JUF:s förbund jobbat hårt med att få sin lagfart men lantmäteri mm är inte alltid så lätta att ha att göra med, alla gamla papper ska minsann kunna presenteras och man ska kunna följa hela kedjan innan lagfart beviljas.
Nåväl, arbete pågår med detta och när det är klart är tanken från JUF:s förbund att man ska sälja fastigheten…vad en eventuellt ny ägare har för planer, ja det vet förstås ingen idag, vi får helt enkelt vänta och se!

Den gamla bygdegården ensam, förfallen och vandaliserad.

Vi kommer på bilder att se tydliga spår efter JUF. Såna här gamla byggnader är lokala kulturskatter och har så mycket att berätta, nostalgi i stora mått är vad det handlar om.

Bygdegården hyrdes också ut till andra föreningar och jag har fått berättat att GDV, Gammeldansens vänner, ofta hyrde lokalen till sina danser. Många är de band som spelat här, båda lokala och utsocknes. Kanske kommer någon ihåg Granells från Örebro, som från början nog kom från Kumla, som ofta spelade här och som jag förstår till viss del är aktiva än idag. Ett annat band som det syns spår efter är Bo-Ejes Orkester, ett band från Skänninge som numera upphört.

Det fanns ett dansband från Frövi, Snittz, som ofta spelade i bygdegården, de var populära och ibland ville ju de också få fira en lyckad kväll i bygdegården men det var ett tufft jobb att packa ihop alla instrument mm på natten och lasta in i bussen, så emellanåt lät de grejerna stå kvar och tog den egna bussen hem till Frövi och firade lite på egen hand. Dagen efter kom de tillbaka och packade sina saker i lugn och ro...helt rätt agerat tycker jag! När bandet senare lades ner körde populära Gun & Birger vidare på egen hand.

Innan det var dags för dans, teater eller annat var man förstås tvungen att lösa entré, det gjorde man hos gubben och gumman i luckan i dörren. Kanske du som läser detta har gjort det här!?

Det är klart att jag måste visa er ett par nostalgiska bilder på nämnda band...typiskt 70-, 80-tal!!

Grabbarna i Granells, idolkort som man lämnade kvar i "vår" bygdegård.

Välspelad dansmusik för alla åldrar och smakriktningar, det var Bo-Ejes det!...de informerar också om att de kan spela på 4 man, normalt 5!!

Vi ser idag tydliga spår efter arrangemang, kaffekoppar med fat står framdukade och på de små fönsterborden i kafédelen ligger rutiga dukar. Och i köket finns kaffepannor i olika modeller, stora som små och fortfarande är köksskåpen fyllda med porslin...en hel del har slagits sönder men förvånansvärt mycket finns kvar!

När inte vedspisen räckte till tog man till spisplattan från Siemens, den där kaffekitteln till vänster rymde många koppar.

Vid sidan av spisplattan finns en hylla utifrån vilken vi förstår att det nyligen "varit" påsk, de här små påskkärringarna blev permanent kvar i bygdegården...

På vedspisen står ytterligare 2 kaffepannor, en till modell större och så den gulgröna i klassisk emalj. Såg ytterligare 4 kaffepannor, gick åt mycket kaffe här i bygdegården!

...alltså, här ser ni mycket porslin som står i ett av köksskåpen, det finns fler och mer!!

Hyllpapper på hyllorna skulle det vara förr, så också här.

Enligt uppgift har det stått så här sen slutet av 80-talet.

Men jösses, det ser nästan lite kusligt ut, ett dukat kaffebord med både rutig bordsduk och växter i vasen, gardiner i fönstret men efter 40 år bör man nog se till att putsa fönstren!

Den här tavlan hänger på väggen i bygdegården...oj vad jag funderade på vem det var...rejält dekorerad med utmärkelser är han också!
Karl-Erik Dahm i Sköllersta löste gåtan...och berättade för mig att det är prins Wilhelm, 1884-1965. Son till kung Gustav V och drottning Victoria och bror med Gustaf VI Adolf...varför han hänger här får vi fundera på...

Det här med ödehusfönster...de är så "vackra", vart och ett på sitt sätt!!

I vår bygdegård finns en stor scen vilket var utmärkt när det spelades upp till dans men också till annat, lokalen kunde enkelt, med hjälp av bänkar, göras om till en lokal för sittande publik...exempelvis teater och förstås sammankomster arrangerade av JUF.

Tidens tand jobbar här men det ser nog i stort sett ut som det gjorde efter sista föreställningen...

En bild på den vackra takmålningen som pryder den stora salen.

I ett utrymme bredvid stora salen fanns hjälpen när scenkostymerna skulle snyggas till, strykjärnet! Här fanns också kylskåpet från Bosch som skulle hålla godisbitarna till kaffet fräscha och dryckerna kalla.

Det här kapitlet kunde väl ha fått ett par bättre avslutsbilder men det är ju så här verkligheten ser ut, entrédörren igenspikad, bakdörrarna sönderslagna och glaset krossat..."over and out"!

Nu får vi se om JUF centralt så småningom får sin lagfart och vad som händer sedan...försäljning till någon optimist eller rivning, tyvärr är väl det sista alternativet det mest troliga.

Känns kul att få en liten inblick i en gammal bygdegårds historia, förstår så väl vilken fantastisk mötesplats för människor detta en gång varit och att lokala föreningar såsom JUF i det här fallet betytt mycket.

Det ursprungliga tipset fick jag av min kompis Bengt Ringh, Tack Bengt!
En man som hjälpt mig på flera sätt och som jag också säger Stort Tack till är Rolf Eriksson, eldsjäl i Axberg/Hovsta Hembygdsförening.

"KURRAN" – FÖR TJUVAR OCH MÖRDARE!

Lite läskig rubrik men det är sant, jag ska nu berätta om ett litet hus i Östra Värmland som för många herrans år sedan tjänstgjorde som häkte eller "kurra" som man sa många gånger förr.

Vi är i en liten by norr om en stad i den östra delen av Värmland, här finns gamla lantgårdar och en del bostadshus och så finns som sagt "kurran" som en gång i tiden tillhörde ett tingshus...alltså både tingshus och häkte/"kurra" på landsbygden!

Förr var det vanligt att man till och med höll ting på enskilda gårdar men just här fick man ett permanent "tingsställe" i mitten av 1700-talet och 1805 byggdes vår "kurra" som kom att bli häradshäkte. Här satt tjuvar och mördare i väntan på dom i det närliggande tingshuset.

"Kurran" som är byggd 1805 och var häradshäkte håller på att förfalla.

Så var det till slutet av 1800-talet, 1883 närmare bestämt, då staden fick ett nytt tingshus i centrum och det gamla i vår by försvann…men inte "kurran", den står kvar än idag.

Tingshuset i centrum var i bruk till ca 1945 då det revs och ersattes med en ny byggnad…men också där är häradshäktet kvar, idag som konsthall, kan nämna att i just tingshuset, som alltså fanns i centrum från 1883, inregistrerades testamentet efter Alfred Nobel.

Den här fina byggnaden blev konsthall 1946 efter att ha varit häradshäkte i ca 65 år dessförinnan, intill låg tingshuset som revs 1945. Parken runt konsthallen har fått det passande namnet Tingshusparken.

Tillbaka till "kurran" på landet - då vår by upphörde att vara tingsplats i slutet av 1800-talet brädfodrades "kurran" och det byggdes på en liten farstu så att den skulle kunna användas som bostad. Så blev det en tid och i ett senare skede blev den också fritidsbostad för att sedan bli öde vilket den var i många herrans år.

Fick kontakt med Marie-Louise Lundmark som berättade att hennes mamma är född 1936 i "kurran" då den utgjorde bostad, hon bodde här en tid tillsammans med mor och far och 4 äldre syskon…min fundering

blev stor när jag hörde detta, hur i herrans namn fick de plats!? I och för sig bodde man här tillfälligt under tiden som föräldrarna byggde ett nytt hus i en annan del av staden...men 1 år blev det nog och Marie-Louise berättar att hennes mamma hade sin "säng" i en byrålåda.
Och nu ska ni höra, det kan också ha varit så en kortare tid att ytterligare en familj bodde samtidigt som 5-barnfamiljen i "Kurran"...i var sitt rum..även om det var tillfälligt måste det ha varit förskräckligt trångt... Marie-Louise berättar också om en lite ilsksint man som senare bodde i "kurran" i början av 1950-talet, ungarna i byn tyckte förstås det var kul att reta gubben som fick namnet "Kurragubben".

Via Hembygdsföreningen på orten hände sen något mycket positivt 1988 då "kurran" renoverades till ursprungligt skick och kulturminnesmärktes! Man "återinvigde" "kurran" som fick en stark kulturstatus...och vet ni vad, Marie-Louises mamma var där vid det tillfället liksom Marie-Louise själv och hennes lilla son, fantastiskt kul att få visa er en bild på dem!

En bild efter restaureringen 1988, i dörröppningen står Marie-Louises mamma Ulla-Brith, som alltså föddes här i "kurran" 1936. Hon håller sitt barnbarn Andreas på armen och till höger har vi Marie-Louise själv.

Efter restaureringen och återinvigningen tog det stopp, inget mer hände och nu förfaller "kurran" igen...den ligger på en privatägd fastighet men ett ansvar för ett mer långsiktigt omhändertagande borde ligga på både kommun och hembygdsförening kan man tycka, "kurran" är en kulturskatt av stora mått som är värd ett bättre öde!!

Kommunen har vid fråga slagit ifrån sig med motiveringen att den ligger på just privatägd mark men Länsstyrelsen har yttrat sig och sagt att man visst kan tänka sig att skjuta till medel så att "kurran" kan bevaras för framtiden.
...kanske får jag i nästa bok berätta om att något positivt har hänt, jag må vara optimist men så borde det vara!

Så här ser "kurran" ut invändigt idag och så såg den också ut förr.
Den där britsen såg lite hård ut att lägga sig på men det var tuffare tag förr.
Som vi ser på nästa bild var förstås fönstren utrustade med galler.

*En "kurra" hade givetvis galler för fönstren.
Vi ser också kedjan som användes när man exempelvis skulle förflytta fången.*

*Det fanns en riktig kamin i byggnaden för att hålla värmen...den finns fortfarande kvar.
Som nog framgår är det inte vilken kamin som helst, det är en riktig bergslagskamin.*

Säger Stort Tack till Marie-Louise Lundmark för fin input och bild.
Som jag skrev tidigare så återkommer jag i en eventuellt senare bok om vad som hänt, jag vet dock en sak..."KURRAN" MÅSTE BEVARAS!!

KAPITEL 8

ÄR DETTA MÖJLIGT I SVERIGE 2024??

Vi är i ett litet samhälle i Bergslagen, det är augusti månad och det är år 2024! Den bild som möter oss när vi åker in i samhället trodde jag inte skulle vara möjlig att se i vårt land 2024.
3 hyreshus med ett knappt 60-tal lägenheter, ett antal butikslokaler och ett närliggande fd hotell ger en bild jag aldrig ska glömma...alla lägenheter är tomma liksom samtliga butikslokaler och hotellet är nedlagt...och som om inte det vore nog så är allt svårt vandaliserat...

Går vi tillbaka till 60- och 70-talet var det här samhället levande i allra högsta grad, helt självförsörjande vad gäller butiker, här fanns 5 livsmedelsaffärer, klädaffärer för både dam och herre, skoaffär, bageri, bibliotek, post och bank, idag finns inget kvar.

Då liksom nu finns här en stor arbetsgivare, ett pappersbruk som idag är i finsk ägo och som sysselsätter ca 400 personer.

Runt 1960 var ca 1.600 personer skrivna här i samhället, vid milleniumskiftet var siffran 750 och idag är det ca 400 personer dvs 25% av den befolkningsmängd som fanns under storhetstiden.
Så här ser utvecklingen befolkningsmässigt ut på många bruksorter idag och det är då inget konstigt att service försvinner...det som är så otroligt avvikande här är alla tomma och vandaliserade hus i det här kvarteret...riktiga ödehus! Miljön är definitivt hälsovådlig och destruktiv att vistas i, ett stort ansvar vilar givetvis på fastighetsägarens axlar som dock inte verkar vara av den mer nogräknade sorten, ägaren har blivit utsedd till Sveriges sämsta hyresvärd av "Hem och hyra" och då förstår ni att kommunen inte har så lätt att nå fram, vederbörande verkar hålla sig undan myndigheterna och är inte skriven på någon fast adress och så

länge man inte kan delge ägaren ett beslut verkar det som om man får
vänta med åtgärder...lite av ett moment 22 läge...så här vill man ju inte ha
det!
Folk i samhället runt omkring är förstås både ledsna, förbannade och
chockade över det som sker i det här kvarteret...orten i övrigt bjuder
på riktigt fina omgivningar och välskötta områden med villor...och även
om stationshuset numera är rivet så stannar tågen fortfarande på vår ort!

*På den tragiska bilden ser ni lite från 2 av 3 övergivna och vandaliserade
hyreshus. Som framgår av bilden är fönstren sönderslagna och så är
det också inne i husen, det som var värt att stjäla är stulet, det andra
är svårt vandaliserat...precis som de två bilarna vi ser på bilden.*

Den nuvarande bilden har nog sin start runt 2012 då en
bostadsrättsförening som omfattade våra 3 lägenhetshus gick i konkurs,
ca 20 av de totalt 56 lägenheterna stod tomma och osålda och då är det
svårt att få ekonomin att gå ihop. Men snart hade man en köpare, en man
från Västkusten som ett par år dessförinnan hade börjat köpa fastigheter
som sedan hyrdes ut till Migrationsverket som asylboenden...ja här börjar
den sorgliga historien.

Den här mannen hade alltså sedan tidigare bedrivit affärer med
fastigheter på Västkusten som inte gick något vidare, minusresultat och
sedan missar att skicka in årsredovisningar renderade i ett bötesstraff
...här borde nog varningsklockor ha börjat ringa på flera håll men så var
inte fallet.
Migrationsverket som började att få bråttom att få fram boenden till
asylsökande struntade i upphandlingar och gjorde istället direktköp med
fastighetsägare som erbjudit sina tjänster. Det här blev kanonaffärer för
många s.k entreprenörer som var alerta när det luktade pengar.
Vår man var nu igång, fortsatte att köpa fastigheter i bland annat södra
Närke liksom i vår kommun i norra Örebro län.

Här i norr köpte han alltså de 3 lägenhetshusen, initialt aviserades dock
något helt annat för våra 3 hus, han skulle renovera och hyra ut som
hyresrätter, 1 av de 3 husen skulle göras om till lyxboenden för personer
från vårt grannland Norge. Planerna var alltså storslagna och renovering
påbörjades.

Alldeles intill våra 3 hus fanns ett fjärde hus, också det med bostadsrätter.
I början av 2000-talet gick även den bostadsrättsföreningen i konkurs
men såldes och gjordes om till hotell. Det gick några år men sedan slutade
det på samma sätt för hotellet som för bostadsrättsföreningen, det blev
konkurs...men skam den som ger sig...man öppnade på nytt men även då
gick verksamheten dåligt...då kom räddningen, vår entreprenör köpte
hotellet och gjorde om det till asylboende.

Och nu hade förfrågan också kommit från Migrationsverket om att få hyra de 3 lägenhetshusen, med andra ord blev 3 lägenhetshus och ett hotell snabbt omvandlade till asylboenden för flyktingar.

Här är 2 av de 3 lägenhetshusen idag...svårt vandaliserade.

Lägenheter, hotell och asylboenden har det varit här, idag förstört.

"Affärerna" med flyktingar blev en guldgruva för vår entreprenör, pengarna rullade in, husen skulle renoveras och nya ideér föddes.

En pizzeria startade i en av de tomma affärslokalerna, en frisör etablerade också sin verksamhet här i kvarteret.

Den enda matbutiken på orten hade varit igenslagen sen 2008 men nu föddes raskt planer på att öppna den igen och så skedde med pompa och ståt 2016. Det här med en butik på en ort är viktigt och vår entreprenör blev nog lite av en hjälte i byn vid det tillfället!

Sagan med den nyöppnade butiken och övrig nystartad service skulle dock senare visa sig bli ganska kortvarig.

Massor av tomma pizzakartonger i den svårt vandaliserade pizzerian.

Naturen på väg att ta över Frisersalongen, nån får se till att "klippa" bort all sly.

Vid mitt besök på platsen pratade jag med en man som varit bosatt här länge och han mindes den aktuella butiken som en mycket framgångsrik ICA-butik på 70-/80-talet. Butiken var känd för sin höga kvalité på köttvaror och långväga kunder handlade frekvent i butiken.

Såna här butiksmagneter minns jag själv mycket väl under min uppväxt i Ekeby utanför Kumla. I närheten av Pålsboda fanns Tarsta Handel som också körde ut varor till kunder som bodde både när och fjärran. På Stenevägen i Kumla fanns Erik Eriksson…men det var då, både här och där!!

Vi tar en titt på det sorgliga nuläget för vår butik:

Som skylten säger…"underlättar din vardag"…nja då måste nog butiken vara öppen!! Glaset krossat, butiken tömd och inredningen sönderslagen.

Det ekar tomt i butiken...

"Närhet och service" var förstås tanken, verkligheten blev en annan.

Tillbaka till vår ort, här hade alltså mycket positivt hänt genom vår entreprenör och han öppnade också andra verksamheter i den aktuella kommunen, golfbana, bensinstation och så köptes en uppskattad friluftsanläggning, speciellt populär vintertid. Här öppnades restaurangen, skidbacken, badhuset och annat. Som jag skrev fick vår entreprenör lite av en hjältestatus i kommunen.

...men 2018 händer det något. Migrationsverket får bakläxa för sina direktupphandlingar och måste börja handla upp på det traditionella sättet så flera får möjlighet att lämna anbud.
Efter nyordningen visar det sig ganska fort att vår entreprenör inte alls uppfyller de nya kraven och det börjar knaka rejält i fogarna för de olika verksamheterna som samlats i ett gemensamt bolag, man får helt enkelt inga nya uppdrag...det utvecklas till att bli som man brukar säga..."upp som en sol, ned som en pannkaka".

Ett efter ett går bolagen i konkurs och de uppskattningsvis 100 medarbetarna, i de olika verksamheterna, blir utan jobb och befolkningen blir åter utan butik, frisör, friluftsanläggning mm. Vår entreprenör åtalas för bokföringsbrott och döms på 5 punkter...

Man kan förstå att man på vår ort blir besviken, frustrerad och arg över utvecklingen och nu börjar dessutom en period som blir bedrövlig, folk besöker de nästan tomma husen, man stjäl och vandaliserar...till slut säljs de 3 lägenhetshusen samt det gamla hotellet och om läget kring fastigheterna upplevdes som sorgligt och bedrövligt innan de såldes så blev det etter värre efter försäljningen. Köpare var nämligen en man som av "Hem och hyra" utsetts till Sveriges sämsta hyresvärd. De ytterst få hyresgäster som fanns kvar blir utan el mm och det är allt annat än lätt att nå hyresvärden.
Skulderna är stora och någon väg ut verkar inte finnas, många jagar fastighetsägaren som är närmast omöjlig att nå men när remmen dras åt händer något, fastigheterna säljs till en närstående vilket indikerar att den

som sålt ändå behåller kontrollen över fastigheterna...men nu får fordringsägare, kommun mfl jaga på annat håll...grunden för att man ska kunna göra något är alltså att fastighetsägaren blir delgiven, det här blir en form av "katt och råtta-lek".

Innan jag summerar ska vi ta och titta på bilder av nuläget, vi får genom dem mycket att fundera över såsom, hur i hela friden kunde det bli så fel!?

Med risk att verka tjatig...men hur kan det bli så här undrar jag och säkert många med mig...vi är trots allt i Sverige och året är 2024.

Någon försökte sno en soffa från en lägenhet...tänkte nog inte på att soffor är tunga grejer.
Jag tror inte någon kommer och hämtar den.

...alltså, en 2 tum 3 regel är säkert bra när man ska bygga något...här verkar den ha fått uppdraget att krossa lägenhetsfönster

Vi som cyklat en del vet att om man cyklar för länge kan man få ont i rumpan...tränar man här får man nog ont där ganska omgående...

Någon har brutit upp en dörr till ett garage på baksidan av ett hyreshus, hoppsan, där stod en bil från Happy Homes gömd...undrar hur den hamnat där?

Det sista mötet har nog hållits i den här lokalen belägen vid sidan av den tidigare frisersalongen.

Ett gårdshus för förvaring...inte mycket helt längre. Sicken röra!

Vandalerna passerade en husvagn...den borde inte ha stått där...

Med tanke på allt vi sett här och som är läget är 2024 kommer förstås många frågor och funderingar, den kanske allra mest akuta frågan är nog vad man NU gör åt den här bilden av kvarteret som dessutom är det första man ser när man åker in i orten...en verklig kontrast till de vandaliserade ödehusen är den helt nyasfalterade gatan utanför...

Hur kan det vara så enkelt att förvärva fastigheter med lägenheter där människor bor utan någon närmare kontroll???
2010 tog regeringen bort lagen om vem som fick förvärva hyresfastigheter, fritt fram för alla mao. Nu får vi hoppas på ett nytt lagförslag som är på väg där man vill förpröva lämpligheten att bli ägare av en hyresfastighet...VI HOPPAS VERKLIGEN ATT DET GÅR IGENOM!!

KAPITEL 9

ÖDEHUSET VID VÄGEN.

En dag på Närkeslätten är en dag när man får se ett platt landskap,
mycket åker och mycket äng…sen mer av samma sak och en och annan
backe med ekar och andra lövträd…sen så är det mer åker och mer äng!!
Ni undrar nog nu om det hakat upp sig bakom tangenterna…ja det har det
nog tusan gjort, fast så här ser det ju ut i Närke!!
En rad fina naturreservat såg vi förstås också och så lantgårdar utspridda i
landskapet och vet ni vad…sen såg jag det gamla huset, en gång
arbetarbostad till en större gård…nu ett sorgligt "vackert" ödehus.

Det här ödehuset har fått en lite märklig placering i landskapet, jättenära
vägen som passerar precis utanför och så ligger det alldeles ensamt.
Gräset som är högt, har slingrat sig in i huset lite här och där. Ett uthus
skådas på andra sidan gärdet, 300 meter fågelvägen, ska man följa det
som nog en gång varit en stig så är det mer än det dubbla. Fy fan när det
är vinter och det blåser 12 sekundmeter, snön yr och man blir nödig…för
jag förmodar att dasset låg ihop med uthusbyggnaden…man blir banne
mig lite nödig av bara tanken!

Huset har så vitt jag förstår hyrts ut till arbetare som jobbade på den stora
gården i närheten och deras familjer, helt omodernt förutom el.
På bottenplan en farstu, kök och vardagsrum med en fin kakelugn, en
livsviktig värmekälla förr i tiden tillsammans med vedspisen i köket.
Tar man trappan upp till övervåningen så hittar vi en hall och ett rum.
Totalt alltså 2 rum, 1 hall och ett kök, alldeles för litet kan vi tycka idag
men förr var det inte ovanligt med kanske 4-5 barn i ett sånt här hus,
inget konstigt alls, idag är det inte många som skulle acceptera den här
boytan på ca 50 kvm…och så 600 meter till dass, källa med källkrok bakom
huset där vatten hinkades upp och som ibland behövde kokas innan det

dracks, inget kylskåp, ingen frys...och inget utgångsdatum på vare sig mjölken eller falukorven...

När sen barnen skulle till skolan var det "apostlahästarna" som gällde, 4 kilometer till skolan och lika många hem var nog tufft ibland men barnen fick röra på sig och fick en fin vardagsträning på det här sättet...och när man kom hem gick man ut och lekte, mycket frisk luft, ofta många barn tillsammans...och helt fritt från mobiltelefoner och Tiktok!

Nån sa att det här bodde tomtar och troll förr, känns ännu mer troligt att det gör idag...

Huset är byggt i vinkel, rappad fasad och färgsättning i grönt och gult!

Som jag brukar säga är fantasin viktig när man träffar på ett sånt här ödehus och jag tycker det är mäktigt att se när naturen successivt tar tillbaka det här stället samtidigt som jag betraktar det som en kulturskatt, många tycker nog att det skulle rivas...dock inte jag.
Naturligtvis sitter det massor av historia i de gamla väggarna och såklart finns det folk som kan berätta både sanna historier och skrönor om huset och folk som bott här på Närkeslätten.

Vi ska snart titta på något som alltid fascinerar mig när man är på ett sånt här ställe, de gamla och många gånger lite originella fönstren, ödehusfönstren, dock inte fulländat om det inte finns gardiner, vi kikar...

...oj så vackert, dessutom kulturglas, glas som är lite "vågigt" och inte alltid så lätt att se igenom...kultur på riktigt...men inga gardiner!!

2 speciella fönster, framförallt det trekantiga, inte vanliga...men vackra!

Påbyggd skorsten och så den vackra kakelugnen i rummet med trägolv!

Sågen hänger kvar sen många år tillbaka...

En lite skön bild med det trekantiga fönstret, porslinshållarna för el och så den hela knutlampan...man ser ofta den vita lampkupan på ödehus.

...oj, oj..entrén till den spännande farstun...men trappen är rutten och jag kliver igenom... kanske är jag för tung.

Som vanligt, skönt...här finns en ödehusgardin, vackert broderad är den också. Så ser vi den tjusiga pärlspontsväggen bakom, som så ofta i grönt...vi är nu i farstun där det väntar en överraskning.

*I farstun finns ett gammalt skåp med en halvöppen dörr...är det här det bor tomtar och troll??
...nej, nej, här i huset bestämmer en mycket färgstark varelse...husets galna tupp!!*

Här är han, tuppen Bertil, lite "snällt" namn men han är galen som en tupp ska vara...här har han precis gett tandborsten en rejäl utskällning!!

Här får vi veta hur de gjorde förr för att husets hörn skulle hålla ihop ordentligt, kanske gör man så också idag när man bygger hus!?

Under huset har man grävt ut och haft en matkällare, där förvarades potatis i sk lårar, äpplen till vintern och kanske stod det en kagge svagdricka på hyllan?!

...men ser ni det jag ser, inte är det väl nån som ska spränga bort huset...blir lite nojig av den röda tråden...

Lite mystiskt är det allt...noterar också att trädgården levererar röda fina bär, kanske mat till vinterns fåglar, sidensvansar mfl!

Tänk vad många tankar det föds i ödehusvärlden, hoppas ni liksom jag har gått in i den sk "ödehusbubblan", det sköna tillståndet när man glömmer tid och rum och bara bearbetar intrycken från det som en gång var.

Vi ska också komma ihåg att vart och ett av de ca 200.000 ödehusen (enligt SCB) i vårt land har sin alldeles egna historia, precis som det här!

...man undrar hur det ser ut här om 10 år...jag kanske kollar då!!
Tack Lelle Widhe för tipset.

KAPITEL 10

HERRGÅRDEN SOM BLEV ÖDEGÅRD.

För ca 125 år sedan, 1893 närmare bestämt, började det här byggas ett hus modell större. Tanken var tydligen från början att bygga en rejäl bergsmansgård eftersom vi befinner oss i Bergslagen.

Gustav Olsson, patron kallad, och hans fru Helena hade dock andra tankar, en bergsmansgård var ju röd och i trä men de här makarna var Italieninspirerade så de ville ha en byggnad med typ putsad fasad och den skulle vara vit och så blev det, ja det blev tom en herrgård. Redan efter 12 år byggde man till och byggnaden tog den form den har idag!

Bild från 1904.   *Foto: Lindesbergs kulturhistoriska arkiv.*

Som framgår blev det en pampig byggnad högt belägen med en fantastisk utsikt över sjön. Ska tilläggas att på den här platsen fanns en annan byggnad tidigare, Östanby I, varför den nya av naturliga skäl fick namnet Östanby II. Här bodde man bra och trivdes förmodligen alldeles ypperligt då herrgården behölls i familjen i ungefär 40 år.

Alltid intressant med lite historia, vi kikar på ytterligare en historisk bild från vår herrgård, en födelsedagsbild minsann.

Här fyller Helena Olsson   *Foto: Lindesbergs kulturhistoriska arkiv.*
50 år, året är 1912.

1943 såldes gården till Robert Nord från Frövi som inte behöll egendomen så länge utan sålde den vidare till Simon Lönngren från Karlskoga, hans hustru dog tidigt i cancer och Simon gifte om sig med sjuksköterskan Bojan som tillsammans med sin bror hade upplevt skräcken i Auschwitz, de hade inbrända märken på kroppen därifrån.
Samma år som Lönngren köpte startade de ett hem för bland annat förståndshandikappade, i början var verksamheten även för TBC-sjuka.

Runt 1959-60 flyttade Lönngrens till Flen och Östanby såldes till 2 diakoner som kom från trakterna runt Västerås, Oskar och Ellen Forsgren, de fortsatte verksamheten i samma anda som Lönngrens.

De behöll herrgården och rörelsen i knappt 10 år, de sålde 1969 till Olsson och Rydén. Under deras ägande, runt 1970, byggdes 3 tvåvåningshus i tegel i syfte att matcha den alltmer växande verksamheten.
Här fanns sedan tidigare också ett hus där rörelsens anställda bodde. På 70-talet var 30-35 personer anställda i företaget.

Här ser vi en historisk bild från Östanby när verksamheten blomstrade, herrgården till vänster och tjänstemannabostaden till höger.

Foto: Lindesbergs kulturhistoriska arkiv.

Herrgården i sin glans dagar.   Foto: Lindesbergs kulturhistoriska arkiv.

1985 tog Reino och Berit Thörnblom över verksamheten och drev den vidare till våren 1995 då den lades ner. Man drev under några år Östanby som ett gästhem men den inriktningen fick svårigheter och gick inte så bra.

1998 tog företaget Västkustfamiljen över herrgården med dess byggnader och drev ett behandlingshem för killar med missbruk och/eller kriminalitet. Behandlingarna var kända för att vara tuffa och ifrågasattes senare. När det 2009 blev känt att en av ägarna hade nära kontakt med ett MC-gäng hände det saker, först drogs deras tillstånd för att bedriva rörelsen in och ganska snart därefter gick företaget i konkurs.
Nu blir Östanby stående tomt och utan verksamhet och fel sorts besökare besöker lokalerna och man ser en del förstörelse på herrgårdens domäner. Dessutom mår byggnader inte bra av att stå tomma, de börjar förfalla också och den vackra trädgården växte igen.

2013 går den negativa trenden ytterligare ett steg åt fel håll när man upptäcker att en knarkodling etablerats på herrgården, efter ett tips tar polisen 2 män på plats och beslagtar 14 kg färdig cannabis och en stor odling. Man tror att etableringen av odlingen kommit till efter order "högre upp" i knarkhierarkin. De 2 männen åtalas så småningom och döms till fängelsestraff.

Senare samma år kommer nästa bakslag för boende på orten och deras politiker, Migrationsverket söker med ljus och lykta efter platser för asylboende och den stora herrgården med alla dess byggnader är ur Migrationsverkets synpunkt perfekt men lokala politiker tycker att man redan hjälper till mer än vad som är rimligt och protesterar tillsammans med ortsborna...men vad hjälper det, avtal tecknas för 170 flyktingar men blir vid besiktning kraftigt reducerad och det verkliga antalet blir ca 75 st.

Efter perioden som flyktingboende står byggnaderna tomma en period, nu ännu mer slitna...men 2017 händer något, tandläkare Michel Deaibes

köper hela fastigheten med dess byggnader. Michel köper upp
fastigheter, renoverar och säljer vidare och i Östanby ser han en bra
potential. Han tecknar avtal med en byggfirma och hans plan i 2 steg är
glasklar.
Samtidigt som han ska starta ett vårdhem ska han i sakta mak renovera
byggnaderna utom själva herrgården. Överskotten från vårdhems-
verksamheten ska senare bekosta renoveringen av själva herrgården i
steg 2, målet är att allt ska återställas till sin forna glans.

Renoveringen av de 3 tegelhusen, poolhus och tjänstemannabostad
påbörjas och går framåt men när den ansvarige byggherren får ett nytt
viktigt uppdrag på annan ort stannar renoveringen av men har, såvitt vad
som återges, kommit långt.
Fastigheten står utan larm och bevakning och när renoveringen stannar
av lockar stället snabbt till sig vandaler igen och till slut är det några
ortsbor som tipsar Nerikes Allehanda om att det ser för jäkligt ut runt
Östanby.
NA gör ett besök och ser att vandaliseringen som gjorts är av stor
omfattning, det mesta är sönderslaget. Tidningen kontaktar ägaren som
beger sig till platsen och får se vad som hänt och blir både, bestört,
ledsen, arg och chockad.
De 3 tegelhusen, poolhuset och tjänstemannabostaden var alltså i det
närmaste färdigrenoverade, nu är allt svårt vandaliserat, exempelvis har
handfat och toaletter slängts ut genom oöppnade fönster, möbler slagits
sönder, dyra AC-enheter stulits mm.

Ägaren diskuterar snabbt nya planer med byggaren utifrån
vandaliseringen och fortsatt gäller planerna på att öppna vårdhem.
Men när försäkringsbolaget tar beslutet att inte ersätta för
vandaliseringen ger Deaibes upp...han beslutar sig för att sälja hela
fastigheten, vi är då i juni 2023...
Jag har nyligen (höst 2024) besökt Östanby och det är en förfärlig syn som
möter, inget har hänt efter den svåra vandaliseringen och spontant har

jag svårt att se hur det ska gå till att rädda den en gång så vackra herrgården med dess byggnader. Det går förstås men frågan är vem som är villig att slanta upp kapital för en sådan renovering…

Vi ska nu titta på några bilder från det mycket sorgliga nuläget, vi får i huvudet försöka tänka oss kontrasten dvs när det här var en verkligt fin och värdefull oas i Bergslagen.

En gång en så vacker herrgård…idag en så eländigt sorglig syn.

Herrgårdens idag vandaliserade baksida.

Påkostad baksida en gång, kolla det läckra smidesräcket och de en gång vackra pardörrarna...

Jag behöver nog inte kommentera de 2 herrgårdsfönstren...

Fönster i tjänstemannabostaden tv och vindsfönster i herrgården th.

Så här ser det idag ut i en stor sal med fönster mot sjön, med tankens kraft förstår man hur pampigt det en gång varit.
Den gamla flygeln står majestätiskt i salen och i hörnet ser vi den vackra öppna spisen.

Tog en särskild på den vackra spisen, vilken härligt grön färg...

Tjänstemannabostaden idag, skenet bedrar, den är svårt vandaliserad.

De 3 tegelhusen som byggdes på 70-talet när Östanby blomstrade.

Baksidan på tjänstemannabostaden och tegelhusen i bakgrunden.

Volkswagenbussen står nu stilla och bidar sin tid, har gjort många resor i tjänsten. Vi ser fina möbler som troligen köptes in under renoveringen på senare år...numera förstås bakom sönderslaget fönster.

Östanby herrgård år 2024.

Du har just läst en liten berättelse om Östanby, från en fantastiskt fin och välvårdad herrgård med en framgångsrik verksamhet i fastighetens alla byggnader till en herrgård i fritt förfall...en öde herrgård!

Säger Tack till Gusselby Hembygdsförening för värdefull input.

KAPITEL 11

ETT ENSAMT OCH LEDSET ÖDEHUS!

Sommar, riklig grönska, lupiner i massor och ett ödehus...det är nostalgi!

Det här ödehuset som vi nu ska bekanta oss med är speciellt, det är byggt för drygt 100 år sedan, stod färdigbyggt 1922, ingen har bott permanent här sedan slutet av 50-talet eller de sista 65 åren.
Det ligger ensamt och ordet övergivet är ett bra ord här, det ser tom lite ledset ut när man tittar närmare.

Inget är vandaliserat och huset, som har 87 kvm boyta, innehåller en rad vackra och nostalgiska detaljer som möbler och heminredning, vi ska förstås titta på några bilder inifrån huset men vi tar lite annat dessförinnan.

Den förste ägaren hette Karl Andersson och var född i november 1884, han var alltså ungefär 38 år när huset stod inflyttningsklart 1922.

En liten ladugård och loge stod dock klart redan 1902 och 1928 byggdes ett stall, byggnaderna var avsedda att rymma 1 häst, 3 kor och 1 ungdjur.

Till fastigheten fanns 2,6 ha åker och 19 ha skog, ett litet lantbruk. En del av skogsarealen har under åren sålts, idag är den 7,6 ha.

Tomten är av karaktären naturtomt och på ca 2.000 kvm, boningshuset innehåller 2 rum, kök och hall på nedervåningen och 1 rum och kök med hall på övre plan. Huset är omodernt utan vare sig toa eller indraget vatten...nja, inte riktigt rätt, återkommer till vattnet. Huset värmdes upp av vedspis, ett par äldre kaminer och en fin kakelugn som fortfarande finns kvar, den ser ytmässigt väldigt fin ut.

Något som sägs vara unikt för ett hus byggt runt 1920 är att samtliga fönster, som är original, är kopplade, på den här tiden var det nästan bara fönster med innanfönster som gällde...ni vet enkla fönster på sommaren och så sattes det extra fönstret in på hösten med klisterremsor och så fönstervadd mellan rutorna...alla som är lika gamla som jag vet vad jag menar!! Många av fönstren är treluftsfönster och varje luft har upptill 3 smala delar, lite svårt att beskriva men om en stund förstår du vad jag menar när du ser bilderna. Jag måste förstås också berätta att det i stort sett i alla fönster hänger gardiner, påfallande välbehållna efter kanske drygt 60 år på gardinstången, det kallar jag riktiga "ödehusgardiner" det!

På många av golven ligger de hemvävda trasmattorna kvar och så knarrar det fint när man går på golvet, så där riktigt hemtrevligt ni vet, det enda man saknar är väl egentligen lukten av såpa från nyskurade golv...men jag kan försäkra er om att den funnits här en gång. Köksväggarna är klädda med bröstpanel och är strukturmålade i en dämpat gul färg, flera av köks-skåpen är platsbyggda och på en liten inbyggd hylla mellan ett under- och överskåp står ett grönt och vitt brödskrin på en broderad duk.

I skafferiet finns några gamla brännvinsbuteljer, en flaska hostmedicin där receptet är utskrivet 1958, några gamla tallrikar från Gustavsberg, en burk sylt från Konsums varumärke Winner och på ett ställe står ett par flaskor ättikssprit...med riktig kork, inte att skruva på utan att trycka i!!

Trappan i trä upp till övervåningen är inbjudande bred och i stort sett alla väggar i de båda hallarna är klädda med pärlspont, förstås i en ljust grön färgton och sen är det många vackra spegeldörrar. Elledningarna är typ snodda, som ett par snören, och kopplade till kontakter som inte är tillverkade igår, inte i förrgår heller!

Huset har alltså stått obebott ända sen 50-talet och förfaller alltmer, naturen gör sitt jobb och utvecklingen framåt är rätt lätt att sia om, dess dagar är räknade, vi får se hur bråttom naturen har att ta tillbaka det hela! Ladugård, loge och stall fick på 50-talet ett tragiskt slut, en vårnatt brann dessa byggnader ner...den teori man hade om orsaken var att någon form av fyrverkeripjäs hade hamnat fel...idag kan man fortfarande se lite rester som stengrunder mm. Måhända var detta orsaken till att man flyttade från boningshuset trots att det inte alls var drabbat av branden...
Huset var alltså inte gammalt alls när det blev utan folk som bodde där permanent, knappt 40 år gammalt blev det stående tomt!

Istället för permanentboende hyrdes det dock senare ut som sommar-bostad under ett antal år. Det var en sommarboende familj som såg till att vatten drogs in i huset, det finns idag en sån där magiskt vacker handpump med ett handtag i trä vid sidan av diskbänken i köket. För att få in vattnet drogs en vattenslang från köket, under huset till källan en bra bit från byggnaden. För att få ut vattenslangen var man tvungen att lossa en stor sten i hörnet av stengrunden, under arbetet sjönk huset lite och man fick aldrig dit hörnstenen ordentligt igen, man ser det tydligt än idag.

Fastigheten köptes runt år 2000 av en man från trakten, han heter Valter Lindahl, han har jobbat som skogsarbetare, har haft många uppdrag hos Virkesmätarföreningen under 40 år och så ägt lite jord och skog...han köpte inte fastigheten för det nu ledsna husets skull utan för jorden och skogen som hör till...huset fick han så att säga på köpet. Den här bilden möter jag många gånger på landsbygden och det är på landsbygden de får stå i fred i större utsträckning än i samhällen och städer, de "glöms" helt enkelt bort och "försvinner" så småningom, några bevaras till eftervärlden genom mina böcker, som i det här fallet, det känns bra.

Egentligen var det en skogsteg som var intressant för Valter, den gränsade mot mark som han ägde sedan tidigare. Det var också lite av en slump att Valter blev ägare, han hade under en dag gjort en liten tur med sin fru runt en sjö i området för att titta på vilda djur, när de passerade huset såg de en skylt som berättade att fastigheten var till salu. Valter åkte hem och ringde mäklaren som verkade ha lite bråttom att få till affären, Valter la ett bud en bit under det begärda priset och räknade väl inte med att det skulle godtas...och samtidigt fanns en annan spekulant som trodde att han hade någon slags förköpsrätt vilket dock inte stämde! Valter hade lite tumme med fru fortuna vid det här tillfället, plötsligt meddelade mäklaren att hans bud godtagits och han blev ägare. Ungefär 15 år senare, ca 2015 väljer sen Valter att sälja vidare inom släkten, hans barnbarn Peter blir ägare och är så än idag...Valter är hans morfar.
Peter låter också sin kulturskatt på Närkeslätten tas om hand av naturens krafter, jorden och skogen har även han utarrenderad.

Idag när jag fotar lite av det sorgligt "vackra" ödehuset är det precis en vecka kvar till julen 2024, det är några plusgrader ute och "gudskelov" ingen snö, jag hatar snö så jag är riktigt nöjd på den punkten liksom jag alltid är när det bär iväg ut på en tur i ödehusvärlden.
Jag har trevligt sällskap i huset av Valter som gärna berättar och delar med sig av sina tankar och känslor, tror både jag och Valter upplevde en trevlig och nostalgisk stund i huset, ja vi var "ta mej tusan" inne i "ödehusbubblan" en bra stund idag...ni vet det där trevliga tillståndet när man glömmer både tid och rum...så det blev som vanligt numera, min fru ringde och undrade vart jag hade tagit vägen...

Här är en bild tagen runt år 2000, det år Valter köpte fastigheten. Vi kan se att huset redan då sett sina bästa dagar men det har hänt mycket de senaste 25 åren, naturen gör sitt jobb...

Här står Valter i dörr-öppningen till det 100-åriga huset som han alltså ägt en gång, idag är det hans barnbarn Peter som är lagfaren ägare. Välkommen in säger Valter, vi tar oss en titt, det är 17 dec 2024.

Vi är i den nedre hallen och ser det fina trapphuset, bred trätrapp och både väggar och tak är klädda med pärlspont...det har vi sett förut. Vackert som bara den.

Elnostalgi är väl ett bra ord här, den gamla strömbrytaren där man fick trycka in knappen för att både tända och släcka. Men kolla elsladden, i jämförelse är tom en kuloledning hypermodern här! Elledningen bestod av tvinnade trådar som förstås var "klädda".

Här är det, handtaget till vattenpumpen, den var modern en gång! På hyllan står "visseljohanna" beredd att fyllas med vatten & malda bönor.

Det här köksskåpet har ett högt nostalgivärde!!

Det platsbyggda köksskåpet är original och har alltså funnits här sedan huset byggdes för lite drygt 100 år sedan. Den här konstruktionen med en hylla mellan under- och överskåp var vanlig i gamla hus, jag har sett rätt många nu...och tycker varje gång att de är lika fina. Det vitgröna brödskrinet passar bra liksom den broderade duken som det står på. Vi ser också lite av den strukturmålade bröstpanelen som finns i hela köket. Kärlhandduken förstärker den fina nostalgiska känslan.

I det "gröna" rummet återfanns också en 200 år gammal grötgryta, tung som bly men den var av gjutjärn...häftigt!

I vardagsrummet på nedre plan finns den gamla kakelugnen, ytmässigt verkar den vara i väldigt finns skick. En viktig pjäs för att hålla värmen vintertid. Valter ser rätt nöjd ut.

Vi har nu tagit oss upp till hallen på övervåningen, lite gamla möbler står här och det lilla fönstret med gardinkappa blir lite av pricken över "i", de gamla stolarna ger hallen lite liv.

En av flera vackra spegeldörrar som finns i huset.

Sovrummet är tomt sånär som på de hemvävda trasmattorna.

Rejäla "kattvindar" i huset där mycket kunde förvaras, som här en mangel, stor...och tung...ingen risk att någon snor den!

Söndagsnumret av "Svenska Morgonbladet", från 3 juli 1927.
Tidningen var Sveriges första religiösa dagstidning och grundades 1890
av Per Ollén. Tidningen stod närmast Missionsförbundet men företrädde
hela frikyrkligheten, ofta i skarp kritik mot dåvarande statskyrkan.
Tidningen lades ner 1958.

Lite annorlunda fönster kan göra att man glömmer tid och rum, som
det här. Fönstret är 100 år gammalt, alltså original. Inte så vanligt då
med kopplade fönster men här var det så...lite unikt med andra ord.

Bänkspis från 50-talet av märket Husqvarna...funkar säkert!

Skafferi med sylt, hostmedicin, brännvin, brun mjölkflaska mm.

2 gamla flaskor med ättiksprit med kork att trycka i...

*Vi tar
köksingången
när vi går
ut...vilken tur,
jag fick då
möjligheten
att fota det
här trolska
fönstret, vilka
häftiga
gardiner.
Oj, så vackert.*

*När dörren till
köksingången
är stängd ser
den ut så här.
Notera också
det fina
trelufts-
fönstret.*

Här ser vi hörnstenen idag som man flyttade på när vattenslangen skulle dras in, huset sjönk lite och stenen gick aldrig att få på plats igen.

...här kan man faktiskt undra om inte skorstenstjuven varit i farten...han tar bort några tegelstenar vid varje besök...för inte tusan kan det se ut så här annars...

Ett ödehus i en miljö med vilda blommor i trädgården, att det är den invasiva arten lupiner struntar vi i idag...de är enormt vackra!

Nu får vi var och en fortsätta att fundera kring det här ödehuset, frågorna blir som vanligt många, en del har vi ju fått svar på i det här kapitlet men det finns ju så mycket i varje hus historia, du som läser kanske vet mer. Jag ska åka förbi då och då, känner på mig att naturens process är på väg att speedas upp, trasiga tegelpannor gör att det regnar in och då brukar det gå fort, en riktig höststorm kan också skynda på förfallet.
Det som ändå känns bra här är att huset inte har vandaliserats, allt som hänt under mer än ett halvt sekel får vi skylla på naturen...och jag säger det igen, ett ödehus som sakta förfaller är en kulturskatt för bygden och det hela är sorgligt vackert!

Avslutningsvis riktar jag ett Stort Tack till den tidigare ägaren Valter Lindahl som visat huset och med stort engagemang gett fin input.

KAPITEL 12

ÖDEHUSETS DAGAR ÄR RÄKNADE...MEN FÅR ETT NYTT LITE ANNORLUNDA LIV!

I mina 3 tidigare utgivna böcker om ödehus har jag ju mer än gärna skrivit om ödehus som efter en lång törnrosasömn fått nya ägare som tar det gamla huset tillbaka till ett nytt liv genom renovering mm, riktiga solskenshistorier!

Men jag har ett ödehus som går mot strömmen, det förfaller alltmer och husets dagar är räknade...men trots detta får det ett nytt liv, fast på ett annorlunda sätt, en form av evigt liv.

Det här ödehuset var det första jag fotade, det blev snabbt en favorit och hamnade på omslaget till min första bok, "Bland tomtar och troll i ödehusen"!

Här är det...det första ödehuset som jag fotade.

Men det är inte bara jag som uppmärksammat det här ödehuset, det är många som har det i sina kamerarullar, fullt förståeligt.

Runt 1960 köpte 2 bröder, Arthur och Algot, fastigheten där huset ligger, jorden och skogen som hör till var det intressanta, huset fick man på köpet. Arthur var förresten pappa till Anders som äger ödehuset idag. Anders har berättat att det slitna huset användes som sädesmagasin en period och på övervåningen satt pappa Arthur ibland och fixade till metalltrådar som man sen använde när halmen skulle buntas. Av långa och raka trådar fixade han en ögla på varje tråd där tråden sedan träddes igenom när man buntade halmen...rent hantverk!!

Ingen har bott i huset sen 50-talet...så ända från 60-talets början har naturens process pågått, för varje dag som går tar naturen tillbaka lite av det människorna här en gång tog...en mäktig process...och snart har nog det gamla ödehuset fått en evig vila.

Men hur förklarar jag då det här med att huset samtidigt som det förfaller är på väg mot ett nytt annorlunda liv...tom ett evigt liv?
Ja det är förstås ingen som kommer att bo här...men huset bevaras på andra sätt!!

Först är det ju via ord och bild bevarat i min ödehusbok, den delen är ju säkrad till eftervärlden.

Den **andra delen** är säkrad genom Alf-Åke Rydholm som gjort en fantastisk modell av huset. Alf-Åke och hans fru Kerstin köpte min bok och likt så många andra blev det här ödehuset en favorit för dem...så till den grad att Alf-Åke under några vintermånader och några till alltså gjorde en modell av huset.
Med hjälp av papper från pizza- och tårtkartonger som strimlades och behandlades så tog han fram material till bygget, resultatet blev fantastiskt, jag har ju faktiskt skrivit några rader om modellen i min förra bok...och gör det gärna igen.

Men det blev utifrån mitt perspektiv om möjligt ännu mera fantastiskt när jag fick modellen som present...jag är så otroligt rädd om den så jag skulle nog egentligen låsa in den i ett bankfack. Den har dock fått följa med mig på en del föreläsningar som jag hållit om ödehus och vid boksigneringar ute hos bokhandlare, det är varje gång en given succé att visa ödehusmodellen. Det här är alltså andra delen i ödehusets nya liv...

Ödehusmodellen gjord av papper från pizza- och tårtkartonger, konstnären själv, Alf-Åke Rydholm, på den infällda bilden.

En **tredje del** mot det eviga livet står ett hårdrocksband för, det är faktiskt sant. De har spelat in en rockvideo i huset en sen höstkväll när det var mörkt, blåsigt och lite allmänt kusligt ute...tom det här bandet fastnade alltså för just det här ödehuset!
Den här rockvideon finns på Youtube, bandet heter Broken Oath och låten som spelades in i huset fick titeln "Save me"!

Sen har det publicerats en del artiklar och reportage om mig och min ödehusresa, vid flera tillfällen har det här huset fått vara det "sorgligt vackra" exemplet på ödehus som jag utforskat...**del fyra** kallar jag detta.
På nästa sida, 2 exempel på reportage där vårt ödehus stolt deltar!!

Från ett reportage i NA, juli 2022. Bild och reportage: Robin Högberg.

Länsposten

Torsdag 13 Jun

MENY ☰

Som framgår av texten, reportage i Länsposten 2024. Reportage och bild signerad Peter Eriksson.

Anders Eriksson äger "Spökhuset i Västernärke"
som författaren Tomas Molin berättar om i sin
första bok "Bland tomtar och troll i ödehusen!"
Foto: Peter Eriksson

En målning av vår ödehusveranda, signerad Bernt Johanson, Habo.

En natt i början av december 2024 plingade det till i min telefon
kl. 02.00...man undrar ju vem tusan som skickar ett meddelande mitt i
natten!?
Det var en konstnär från Habo i Småland, Bernt Johansson, han har gjort
en fantastiskt fin målning utifrån en bild i min första ödehusbok, verandan
till detta kapitels ödehus.
Målningen är så välgjord att det är lätt att tro att det är ett fotografi men
det är det inte!!

Förhoppningsvis kommer målningen att hänga på en del av Bernts utställningar 2025!...och så blev det alltså ytterligare en **del, nr fem**, där ödehuset får "nytt liv" trots att det snart kanske inte finns mer, detta är kultur och nostalgi när det är som bäst!
Kapitlet visar alltså att ett ödehus via ord och bild kan bevaras trots att det på sin plats i skogskanten äts upp av naturen, lite för varje dag!

Ödehusets 5 steg mot ett evigt liv:
1. Ett kapitel i min ödehusbok, "Bland tomtar och troll i ödehusen".
2. Ödehusmodell av huset, signerad Alf-Åke Rydholm.
3. Hårdrocksvideo på Youtube, Broken Oath och låten "Save me".
4. Tidningsreportage där huset finns med.
5. Målning av Bernt Johanson, Habo.

Anders Eriksson, äger ödehuset idag, är son till Arthur, en av bröderna som köpte fastigheten runt 1960. Tack Anders Eriksson för att vi får föreviga din lite spöklika kulturskatt i skogskanten.

KAPITEL 13

OPELBILARNA I SKOGEN!

Jag får numera många fina tips, något som jag uppskattar stort. Vid en föreläsning som jag var på kom efteråt en man fram till mig när jag satt och signerade böcker...han frågade om jag ville ha ett tips, det var klart som tusan att jag ville det.
Det han visade mig gjorde mig lite knäsvag, han plockade upp sin telefon och visade mig en rad bilder på bilar i en samling i skogen...lite unikt var att det bara var Opelbilar och nästan alla från 60-talet.

Några dagar senare försökte jag hitta bilarna men det var inte så lätt som jag trodde, långt att gå, dålig väg/stig, jag var nära att ge upp men plötsligt skymtade något mellan trädens stammar...en unik samling Opelbilar...uppskattningsvis var det ett 15-tal bilar inkilade mellan björkar och granar...det här är sånt som får blodtrycket att öka och det blir svårt att tala...min fru var inte lika imponerad som jag men jag såg att hon tyckte det var häftigt...

Här har 60-tals Oplarna stått länge, enligt uppgift sedan 1980-talet.

Precis som när det gäller ödehus så är gamla bilar också att betrakta som kulturskatter där de står, det är i varje fall min absoluta uppfattning. En del anser nog säkert att bilarna är att betrakta som gamla skrothögar men när jag hör sådant protesterar jag högljutt.

Av stor respekt för de som äger och en gång ställt bilarna i skogen är det angeläget att inte sprida info om var de finns, allt för att undvika vandalisering och plundring, det är jättesynd att det ska behöva vara så men så är det tyvärr. I det här fallet publiceras heller inga andra bilder eller annan info än om just bilarna, allt av respekt för ägare.

I den här samlingen finns alltså Oplar från 60-talet, en dock från 50-talet, en Opel Rekord-57. Här finns också en från början av 70-talet, en Opel Kadett-72. En Caravan, Opels combimodell, finns här också, den verkade vara komplett och på taket satt ett takräcke i original. Jag ska strax visa er några av bilarna som enligt en uppgift jag fått har stått här sen slutet av 80-talet, varför är en bra fråga som jag tyvärr inte kan ge något svar på...då är vi där igen...vi får helt enkelt plocka fram fantasin och fundera över vad som kan ha hänt och varför de förblir stående här i skogen år efter år, faktiskt lite jobbigt att inte kunna presentera svar på dessa frågor...men det är väl inte så illa att ändå få en inblick om vad det kan stå på en enslig plats ute i naturen dit det inte längre finns någon väg.

Många av bilarna verkar vara nästan kompletta både in- och utvändigt...Opels modeller var mycket populära på 60-talet och sålde bra med placeringar högt upp på försäljningslistorna så det är många som har någon form av relation till en 60-tals Opel.

2 av dessa Opelbilar är av en modell som bara tillverkades ett enda år på 60-talet, det är 2 st Opel Rekord av årsmodell 1966, de hade 4 runda bakljus, 2 st på varje sida, och rektangulära strålkastare. Unikt alltså med bara en årsmodell med specifika detaljer, en mindre del av denna modell gjordes som Coupé dvs med sluttande bakruta, de 2 bilar som finns här i skogen är otroligt nog Coupéer, inte klokt att de står här.

Bilarna har dekorerats rätt rejält av naturen, med både mossa, barr & löv.

Opel Rekord Coupé -66, 2 dörrar, årsmodellen hade en ny 1900 motor.

...men jösses, det här är ju inte klokt, ännu en Rekord Coupé -66 med den nya 1900-motorn, på samma plats...helt otroligt...

Ännu en komplett Opel Rekord, den här bilen kan vara årsmodell - 63, 64 eller 65. Utrustad med drag och svart tak.

Oj, oj, oj...en Rekord Caravan, 63-65, med takräcke i original.

Opel Kadett -72 med de för tiden så vanliga gula varselljusen som fanns att köpa relativt billigt överallt.

Opel Rekord-57, också unik eftersom 57:an fick nya bakljus och strålkastare, 1958 kom en helt ny och större modell av Rekorden.

Den här bilen besiktigades sista gången i april 1977 dvs för 48 år sedan...

Opel Rekord 1700 L, årsmodell 1962. Senast godkända besiktning gjordes 1989 då bilen var 27 år gammal, några månader senare ställdes den av och har så varit sedan dess.

Vi får nu fundera vidare på dessa gamla kulturskatter som vilar här i skogen, de lär nog inte hamna på vägen igen trots att de är så kompletta, 30-40 år i skogen är ju inte direkt hälsosamt, inte ens för en gammal Opel med omvittnad kvalitet...ja, ja, visst rostade många bort men i övrigt var det robusta och omtyckta bilar.

Det finns förstås många bilar som är övergivna i vårt avlånga land, det som är så unikt här är att de flesta är från 60-talet, att det bara är Opelbilar och att de flesta är närmast kompletta. Jag skriver det igen, skulle någon nu känna till platsen eller annat så är det angeläget att INTE sprida infon vidare...jag är så nöjd att kunna visa bilarna för er som följer mig och mina äventyr...även om vi får ta hjälp av fantasin en hel del...

KAPITEL 14.

UNDRAR VART "LÄNSMAN" TOG VÄGEN?

En övergiven Länsmansgård hör inte till vanligheterna att man träffar på
men det har jag gjort och visst blir man fundersam över vad som kan
hända ett gammalt fint hus med en fin historia.
Huset är stort, det är byggt i vinkel, det är vackert målat i en härligt grön
färg med röda fönsterbågar, skiffer på taket...så fantastiskt fint i grund
och botten.

Vår Länsmansgård har en gång tillhört en mycket meriterad rörelse på
orten men såldes för ett antal år sedan, köpare blev ett par, två privat-
personer, som i sin tur hyrde ut huset till en släkting. Han bedrev under
en period verksamhet på vår ort men sen hände något och plötsligt var
han borta...enligt uppgift har han flyttat utomlands och kvar är bland
annat huset som nu varit övergivet i drygt 5 år, vandaler har börjat hitta
till platsen, en hel del påhälsningar har gjorts av folk som inte borde ha
gjort besök där, några dörrar är uppbrutna och man nog tänka sig att det
finns stor risk för att saker av värde har hamnat i fel händer och man ser
det här som är så svårt att förstå, man inte bara tar utan slår också
sönder, ett antal fönster är tydliga exempel.

Det fina, stora och gröna huset har ett kulturhistoriskt värde, det finns ett
eller flera foton på Örebro läns digitala museum, under 2024 har det
diskuterats på ett kommunstyrelsemöte vad man gör med ett sånt här
värdefullt hus när det inte sköts om, hos länsantikvarien i Örebro har man
påtalat förfallet...man undrar förstås om det kommer ut något positivt
från dessa möten och informationer...man ser tydligt på plats att något
borde hända snarast...innan det är för sent.
Många ortsbor undrar givetvis vad som ska hända och håller förstås alla
tummar som finns för en räddning, ska bli spännande att se om något
händer under 2025.

Vi tittar nu på några bilder av nuläget, vi får försöka se det fina som finns i huset men förstås går det inte att undvika den sorgliga processen.

Det vackra gröna huset, byggt i vinkel, hela 5 skorstenar noteras också liksom all vegetation som är på väg att "gömma" huset.

Huset ligger, som ni ser, alldeles intill vägen som passerar utanför. Det är många som nu både ser utvecklingen med stor sorg och undrar vad som i hela friden ska hända...undrar om kommun och länsantikvarien fått någon kontakt med ägarna...

Långsida, notera de små vackra fönstren precis under takfoten.

Trappen upp till den vackra entrén har absolut sett sina bästa dagar...med min tyngd var det med nöd och näppe som jag kunde ta mig upp på verandan, nästan varenda trappbräda har ruttnat.

Ja, ni ser ju själva, så jättefint, den röda pardörren är ju hur vacker som helst, det finns ytterligare en till höger om bilden, den pardörren är inte lika fin som denna men helt OK.
Mycket snickarglädje i verandaräcket.

Här står det tom på skylten att det är en Länsmansgård...om än sorglig.

Huset har en dörr för...tomtarna.

Huggen ved som omväxlande blivit både torr och sur under åren.

Postlådan har fyllts på länge men töms aldrig...då blir den full.

Ännu en bild av vår Länsmansgård, ser ut som om den är kamouflagemålad.

Jag avslutar besöket på den övergivna Länsmansgården med ett magiskt vackert ödehusfönster...och inte bara ett, det är ju två. Färgsättningen och snickarglädjen gör något med en...nu är jag på väg in i ödehusbubblan igen...där kommer jag att försöka smälta vad jag sett och hört, undrar om fantasin vill hjälpa mig att jobba fram en lösning...i varje fall i tanken.

KAPITEL 15

LUDDE OCH HILDA I MÖRTBÄCKEN!

Som jag berättat tidigare får jag numera många tips men ibland är det spännande att bara förutsättningslöst ge sig ut och kanske hitta det där ödehuset med historien som har "det lilla extra", något eller någon som sticker ut på ett eller annat sätt...en höstdag 2023 tog vi en sån tur ut i ett landskap där skog blandades med ängar och gärden. Vi parkerade bilen och gav oss ut på en, för oss, helt okänd skogsväg. Vi upptäckte snart att den var väldigt rak, vi gick och gick men det var en vacker omgivning och solen värmde gott, i två hagar såg vi folk med korgar, de jagade kantareller, jagade var väl fel ord för det här året, 2023, fanns skogens gula guld överallt, det vara bara att plocka och fylla de medhavda korgarna. Vi förbannade oss lite själva för att vi inte tagit med något att plocka svamp i...men det var ju i och för sig inte därför vi var ute, vi var på jakt efter annat.

Helt plötsligt svängde vägen av till höger i en 90-graders böj, rakt fram var det ängsmark...men "jäklar i min lilla låda", vad var det vi såg tvärs över ängen...jo det var ett ödehus, inte bara ett ensamt hus utan en liten gård.

...det här stället såg lite läskigt och kusligt ut...

Alltså, när man såg det här stället så ville man bara rusa dit och kolla lite närmare men se det gick inte alls, våra sportskor på fötterna räckte inte till, ängen var dyngsur, skorna försvann när man försökte så mycket motvilligt insåg vi, min fru och jag, att den här dagen blir det inget besök utan vi får "baske mig" vänta tills det blir vår och det har torkat upp i markerna...för någon väg fanns det inte heller kvar längre och precis innan gården rann det en bäck, vi fick senare veta att den heter Mörtbäcken.

Efter vinter kommer vår brukar man ju säga och så blev det den här gången också, i maj 2024, gav vi oss åter iväg, lite bättre förberedda och nu också betydligt bättre rustade på fötterna. Vi hade fortfarande ingen aning om någon historia kring den lilla gården och människorna som bott där men det skulle jag få senare...nu gällde det först att dokumentera lite innan det var dags att leta information.

Den lilla gården var rejält förfallen och jag fick senare veta att de som sist bodde på gården var en man och hans syster.
Vilka var det då som bodde här i Mörtbäcken...jo det var minsann Hilda och Ludde eller Ludvig som det står i kyrkboken...vi börjar med några rader från deras barndom.
Deras familj var stor och barndomshemmet ligger i samma del av vår värmländska stad, Karlskoga, som deras ställe Mörtbäcken. Elva syskon var det i barnaskaran så med mor och far bestod familjen av 13 personer. Fadern var arrendator under en patron på en större gård och med den stora barnaskaran fick man jobba hårt för att kunna ställa fram bröd och mat på bordet i hemmet. Barnen lärde sig tidigt att det var angeläget att de hjälpte till och för Luddes del blev han dräng på några gårdar efter en på den tiden rätt kort skolgång. Ludde beskrevs som duktig och händig, det blev 15 år som dräng och han provade också på kolarlivet och upptäckte hur mörkt det var runt kolarkojan när det blivit mörkt ute, då gällde det att inte vara mörkrädd men det var Ludde. Han sadlade snart om och fick en anställning i AB Bofors som det hette på den tiden.

Ludde jobbade hårt och efter 27 år i företaget förärades han en fin medalj när det vankades pension.

Den lilla gården i Mörtbäcken består av 4,5 ha åker och lika mycket skog, bostadshuset innehåller 2 rok samt hall. Själva huset är byggt i sinnersten redan på 1700-talet, stora sprickor talar nu om att det här sjungs på sista versen och inne har förfallet gått långt...men detaljer som en trappa till övervåningen, det som var kvar av köket skulle ha intressanta grejer att berätta skulle det visa sig. Själva entrédelen låg i den ena änden av huset och var byggd i trä. Jag noterade att entrédörren saknade lås, man hade hakar istället, 2 på insidan så man kunde "låsa" om sig och 2 på utsidan...så det blev stängt ordentligt...här ute litade man på folk, lås var absolut inte nödvändigt här, tiderna har numera förändrats...

En gång i tiden har huset haft el, när Karlskoga Tidning gjorde ett reportage om Ludde 1968 berättade han att så var det inte längre, han var ingen vän av elektriciteten, ett "el-ombud" kom förbi ibland och gnällde på att det gick åt för mycket el i stugan, berättade Ludde. Till slut blev han så trött på "gubbfan", som han uttryckte det, så han kapade eltrådarna och sågade ner stolparna, sen den dagen var det stearinljus, fotogenlampa och fotogenkamin som gällde i stugan i Mörtbäcken...

Ekonomibyggnaderna hade utrymme för 1 häst och 5 kor, vad jag hört så var det enbart höns på gården under rätt många år på slutet.
Gården köptes redan 1910 med Hilda som lagfaren ägare, hon var då 19 år och storebror Ludde 24 år. De förblev ogifta och kämpade tillsammans här på gården under hela sitt liv. Hildas tid på jorden tog slut 1966, då var hon 74 år. Ludde blev då kvar här själv tills jordelivet var över för hans del 1973, han var då 86 år fyllda...då blev gården tom och öde. De sista åren var han sjuklig och levde sina sista år på ett boende, vid några tillfällen fick han permission för att titta till huset som varit hans kära hem i mer än 60 år.

Här sitter Ludde och filosoferar på den gamla soffan i trädgården hemma i Mörtbäcken under en permission hans sista år i jordelivet.

Men livet var definitivt inte bara jobb under alla åren i Mörtbäcken, Ludde var otroligt social, snäll och omtyckt och när det var fest och dans såg man ofta Ludde på plats, han var en jäkel på att dansa och han uppfann en egen lite speciell dans som gjorde att folk pratade om honom som "Breakdansaren i Nolsockna"!

En väldigt unik dans där han som breakdansarna roterade runt men hamnade till slut på huvudet där han fortsatte att snurra...fy tusan vad "yr i hatten" han måste ha blivit. Ludde gillade också att ta sig ett järn när det var fest och när han utförde sin dans blev han oftast bjuden på en sup, för 2 supar fick han dansa 2 ggr...det sägs att han under en kväll kunde dansa rätt många gånger. Det hände att kombinationen "snurrdans" och supar blev lite för mycket och att den lokala polisen då bjöd Ludde på gratis resa hem...men när yrseln gått över genade Ludde genom skogen och var snart tillbaka på festplatsen. Och är man underhållare så är man så förutom den märkliga dansen bjöd han ibland på musik med hjälp av sitt munspel ...också då ståendes upp och ner dvs på huvudet...han fick nog en sup för det också.

Ludde var energisk och syntes lite överallt, han gick inte, han åkte inte bil utan han cyklade på sin racercykel, det är många som sett Ludde på sin cykel i alla delar av staden, han måste ha fått en jättefin kondis och mer träning blev det ju på festplatserna och under hans många vandringar i skogen. Var det fest och Ludde inte var på plats så var han förmodligen sjuk, han ville vara där det hände grejer och verkade vara en man som gärna ville vara i centrum och gärna bjöd på sig själv, en snäll man som njöt av livet…på dansbanorna flörtade flickorna berättar Ludde i ett reportage…"men jag var stenhård" sa Ludde.

Racercykeln sålde han när han var runt 80 år men han hade en "vanlig" cykel också, den finns förresten kvar…inte riktigt rätt, men ramen är kvar och vilar nu utanför ladugården i Mörtbäcken, det är inte bara något cykelskrot som står där utan ett nostalgiskt minne av en stark lokal profil, ja cykelskrotet får banne mig ses som en lokal kulturskatt. Om ni trodde jag skulle visa er en bild på cykelskelettet så tror ni rätt…det kommer här!!

Det som idag är kvar av Luddes välanvända cykel. Långa cykelturer kors och tvärs i Karlskoga blev det många…och så vandringar i skogen förstås.

Finns mycket att berätta om framförallt Ludde...mindre om Hilda.
Systern Hilda var nog den som tog det där riktiga ansvaret och stod för
ordning och reda, att hönorna matades, att brödet bakades, att maten
lagades och att huset städades även om det var rejält slitet de sista åren
de bodde här tillsammans. Hon var lite motsatsen till Ludde, lugn,
ordningsam, lite tillbakadragen och trivdes bäst hemma på gården. Det
berättas att Hilda alltid var klädd i ett rent och vitt förkläde.
Vatten hämtades i en källa en bit från huset intill Mörtbäcken, Hilda tog
dragkärran med de stora hjulen, ställde vattenkärlet på kärran och gick
iväg och hinkade upp vatten.

Samma kärra använde hon också när hon på senare år gick ut till vägen
för att handla från Konsumbussen som kom en gång i veckan.
Som jag berättat tidigare hände det mycket kring Ludde och vid ett besök
som Karlskoga Tidning gjorde på våren 1968, Ludde var då 82 år,
berättade han med glimten i ögat att han under vintern gärna läste
deckare och tittade på tjejer i herrtidningarna som han fick av en kompis.

Han berättade för reportern att när våren kom gick han ner till
Mörtbäcken och tvättade av sig vinterns damm, om det då fanns någon i
närheten så ställde han sig gärna på huvudet efteråt, dels för att få upp
värmen, dels för att roa åskådaren. Han berättade också att det där med
att stå på huvudet var ett bra sätt att "få blod till förståndet"!

I ladugård och loge finns nu saker som berättar en del, en hög med gamla
flaskor ligger i ett hörn, Ludde tog sig ju ett "järn" bortemellan, ibland
flera. Det ligger också en hel del gammalt fint porslin från Gustavsberg på
golvet i en del av logen, där står också den gamla vedkapen som inte
tjänstgjort på drygt 50 år...och du, titta på bilden på sid 142 med vedkap
och stolpe...kan det vara en av elstolparna som Ludde sågade ner när han
blev så hjärtinnerligt trött på "elombudet"??

Finns många historier om den lite egensinniga Ludde, han hade sin egna
idéer om hur allt skulle vara och dessa följde han...Ludde gick sin egen väg
skulle man kunna säga och han trivdes med det, tror han roade både sig
själv och andra...Ludde var snäll och full av hyss, lite som "Emil"!

Under rätt många år var de enda djuren på den lilla gården en tupp och
ett antal hönor, de senare försåg Hilda och Ludde med färska ägg. Vi ska
väl också säga att det bodde katter på den lilla gården, både Hilda och
Ludde var riktiga djurvänner.

Utanför logen står dasset, nja, det snarare ligger ner, ser ut att förmedla
budskapet att..."nä nu skiter jag i det här"!

Här är det, Ludde och Hildas gamla dass...det står fortfarande upp...hjälpligt men under protest känns det som...

Den gamla källan finns fortfarande kvar, den är inhängnad även om det är länge sen. Här hinkade Hilda upp vatten med en källkrok, fyllde kärlet på kärran med de stora hjulen som hon sen drog hem. Källan fylldes på med vatten från Mörtbäcken.

Nu måste vi ta oss en titt på hur det ser ut i Mörtbäcken idag...ja, ja, kanske några ord om gamla tider också.

Bostadshuset i Mörtbäcken idag, 51 år efter att det blev tomt och öde.

Naturens krafter är obevekliga, det har vi ett tydligt exempel på här, snett och vint, hål i taket...men det i grunden välbyggda sinnerstenshuset står ju fortfarande upp, naturen får jobba lite till innan den tagit tillbaka den här platsen helt.

Har fått veta att i trädgården fanns under Hilda och Luddes tid en mäktig orm, inte en sån där rackare som slingrar sig och bits utan en mycket snällare och lugnare, den var gjord av trä och konstnären var Ludde, vad jag förstår var det en rejäl trädgren som var ursprunget, Ludde förädlade den och den blev en uppskattad och målad varelse i den då vackra trädgården. Enligt uppgift finns den kvar och pryder en trädgård i Gälleråsen.

138

Vädrets makter har inte varit snälla vid det gamla sinnerstenshuset från 1700-talet som dessutom varit ouppvärmt i mer än 50 år, vi noterar med lite sorg i hjärtat de stora sprickorna i fasaden.

Här är den enkla och oisolerade ytterdörren. De 2 hakarna på insidan utgjorde dörrens lås när man skulle sova mm, för säkerhets skull körde man med 2 hakar.

Ute var det också 2 hakar och en liten kätting som dock aldrig användes...det var andra tider...

Inte mycket kvar av det gamla köket där Hilda förde befälet...skåpsluckor med lås finns i varje fall kvar. Den gamla vedspisen är också kvar, gömd under en del bråte.

Den här trappen leder upp till ett rum på övervåningen som en tid hyrdes ut till Anders som var blind. Rummet blev senare Luddes, där fanns en säng, ett skrivbord och en hylla fylld med böcker...tror det fanns många deckare där! Yvonne som besökt Ludde där som barn berättar varmt om den snälla och lite speciella mannen!

Ludde och Hildas ladugård och loge som hör till Mörtbäcken.

Det gamla fönstret till ladugården tillsammans med den torkade blomman utanför blev lite som en tavla.

På en gammal innerdörr finns en klädhängare från "Anders Olsson Collijos Karlskoga".

Ute på logen hittar vi en hel del fint porslin från Gustavsbergs "Fasan"!

Luddes lilla flasksamling i uthuset.

50 år sedan vedkapen var i arbete.

När Ludde inte vandrade i skogen eller lekte med sina älskade katter, Tösen och Carli, så kanske han stod på huvudet, Ludde menade att det höll huvudet "rent från fördärvliga idéer".

Han var en ovanligt vältränad och pigg 81-åring, aldrig sjuk och inga krämpor under alla år, Luddes egen teori om varför... var att han alltid hade kunnat hålla sig borta från fruntimmer...och så en kaffekask bortemellan, det var bra för magsyran, sa Ludde.

Karlskoga Tidning 3/5 1968.

Ett reportage om Ludde i Karlskoga Tidning 1968...rubriken berättar att han gillade deckare och vackra brudar!!

Ludde kunde blåsa näverlur, detta gjorde att han fick göra lumpen på musikplutonen ca 1905, han fick det ärofyllda uppdraget att blåsa reveljen varje morgon.

Ludde var en händig karl och inte rädd för att hugga i, han jobbade som dräng i många år, provade på livet som kolare men var lite mörkrädd men lyckades skrämma sin uppdragsgivare som trodde Ludde var ett troll. Det blev också nästan 30 år i AB Bofors.
På bilden ser vi ett arbetslag där Ludde var med, vi ser honom längst till vänster.

Ränderna går aldrig ur, Ludde var en hejare på sitt munspel även efter fyllda 80...det är förstås klart, kan man stå på huvudet så kan man väl för tusan spela munspel stående på huvudet. Bilden från ett reportage i Karlskoga Tidning 1968.

På sin 85-årsdag fick Ludde en karikatyr av sig själv, den trycktes i 245 exemplar och numrerades förstås, den här är en av de först tryckta, nr 8 och innehas idag av Yvonne Lindbom, den har säkert en hedersplats. Den som gjort karikatyren heter Evert Nyberg.

En ung Ludde i sin glans dagar...hann med att vara dräng, kolare vid en mila och så blev det 27 år i AB Bofors och medalj. ...och så förstås traktens stora breakdansare...det glömmer ingen som var med på den tiden.

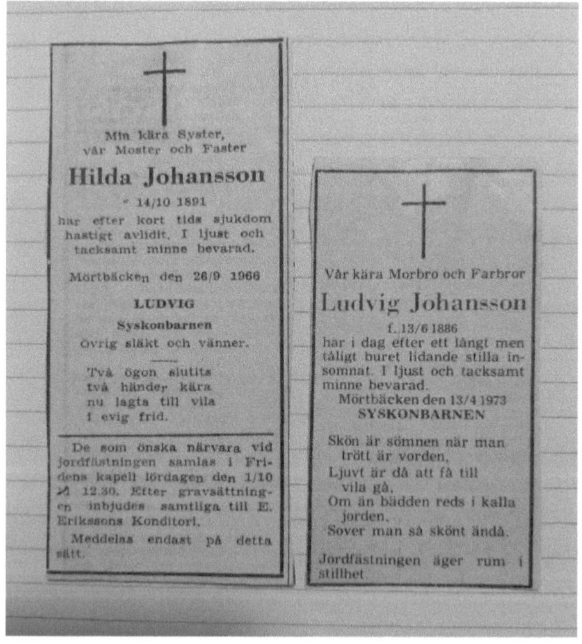

Det strävsamma syskonparet i Mörtbäcken fick många fina år tillsammans på sin lilla gård. Hilda gick bort 1966 och var då 74 år medan Ludde hade fyllt 86 år när hans dagar på jorden var slut 1973...

Ludde i gröngräset hemma i Mörtbäcken något år innan han gick bort.

Vi närmar oss slutet på det här kapitlet som jag skrivit med ett leende på läpparna, så roligt att få skriva något som i grunden är positivt.

De första uppgifterna om Ludde och hans bravader fick jag av Yvonne Lindbom, tillsammans med sin mamma besökte hon Ludde och Hilda som barn, hon minns båda med värme, Ludde har en stor plats i hennes hjärta.

Yvonnes barndomskompis Lena Johansson, fyllde på med mer, hennes mormor och morfar bodde granne med Ludde och Hilda när Lena var barn och minns att Ludde kom på besök ibland, Hilda betydligt mer sällan. Hade Ludde fått sig en hutt innan var han extra språksam och besöken längre.

STORT TACK till er båda för både bilder och mycket värdefull input...jag kommer aldrig att glömma Ludde och Hilda i Mörtbäcken, jag är tacksam för det!

AVSLUTNING!

Ja, kära läsare, nu är det slut igen...du har just läst min 4:e ödehusbok
...men var lugna, det finns enligt SCB ca 200.000 ödehus i vårt avlånga
land...så jag har bara skummat på ytan.

Jag hoppas du känner nostalgins starka krafter när du läser och tittar på
alla bilderna, finns så mycket vackert och fint i ödehusvärlden men så
finns det sorgliga också, men håll med mig om att ödehusresorna är lite
spännande, man vet aldrig vad som väntar när man utforskar ett ödehus
men en sak är solklar...alla ödehus har vart och ett av dem sin alldeles
egna historia att berätta.

Må så gott!

Tomas,

...din ödehusguide bland ännu fler ödehus i Närke, Östra Värmland och
Västra Västmanland.

Tomas Molin, "Ödehusmannen"